Marianne Krämer-Birsens
Sabine Mombauer

Die Botschaft biblischer Frauen

Impulse für heute – ein Praxisbuch

Bibliografische Information der Deutschen Bibliothek
Die Deutsche Bibliothek verzeichnet diese Publikation in der Deutschen Nationalbibliografie; detaillierte bibliografische Daten sind im Internet unter http://dnb.ddb.de abrufbar

Printed in Germany
ISBN 3-491-70403-0
www.patmos.de

Inhalt

Vorwort 5

Einleitung 7

Frauenthemen – Frauengestalten

1. **Frau werden – Frau sein** 9
   Die Tochter des Jairus und die blutflüssige Frau 11

2. **Frauen und Macht** 19
   Judit 20

3. **Mutlosigkeit und neue Kraft** 28
   Die Witwe von Sarepta 29
   Die heidnische Frau 31

4. **In der Fremde leben** 36
   Rut 37

5. **Schmerz quält das Herz** 47
   Amnon und Tamar 48

6. **Worauf es ankommt** 54
   Maria und Marta 55

7. Loslassen 61
Der zwölfjährige Jesus im Tempel 62
Die Mutter des Tobias 67

8. Über sich hinauswachsen 71
Die Verkündigung an Maria 72

9. Im Alltäglichen Gott finden 81
Das Gleichnis vom Sauerteig 82
Das Gleichnis von der verlorenen Drachme 85

10. Frauen in der Kirche 90
Junia, Persis und andere Frauen der Frühen Kirche . . 91

Frauen in der Bibel entdecken

1. Methoden der Bibelauslegung 97
2. Methoden der Annäherung an einen Bibeltext 103
3. Methoden weiterführender Bibelarbeit 113

Verzeichnis: Frauen in der Bibel 119

Literatur, Quellen, Abbildungen 125

Vorwort

»Nicht mehr Mägde, sondern Töchter« – das war der Titel der ersten Frauengottesdienste, die wir in unseren Pfarreien feierten. Eine Gruppe von Frauen hatte sich zusammengefunden, um einmal im Monat einen Gottesdienst miteinander zu feiern, der die Themen und Anliegen von Frauen zur Sprache bringt. Dabei war es ein besonderer Wunsch, die Würde und Gottesebenbildlichkeit von Frauen zu betonen, die im alltäglichen und besonders im kirchlichen Bereich allzu häufig vergessen werden.

»Ich werde von meinem Geist ausgießen über alles Fleisch. Eure Söhne und eure Töchter werden Propheten sein … Auch über meine Knechte und Mägde werde ich von meinem Geist ausgießen.« (Apg 2, 17f.) Dieses Zitat, das Petrus in der Pfingspredigt dem Propheten Joel entlehnt, war uns auch zukünftig Leitfaden und Motivation, uns mit den Frauen der Bibel im Gottesdienst und in Bibelgesprächen auseinander zu setzen.

Während wir uns mit den vielfältigen Lebensgeschichten biblischer Frauen beschäftigten, wurde deutlich, dass viele unserer Lebenssituationen heute bereits in der Bibel beschrieben sind. Die biblischen Texte beinhalten wichtige Impulse für uns Frauen im 21. Jahrhundert. Für alle Teilnehmerinnen waren das bestärkende und ermutigende Zeiten, in denen uns das gottgewollte Bild der Frau immer wichtiger wurde: »Dann sprach Gott: Lasst uns Menschen machen als unser Abbild, uns ähnlich. … Als Mann *und Frau* schuf er sie.« (Gen 1,26f.)

Unser Buch möchte ermutigen, Frauen in der Bibel (neu) zu entdecken, ihre unterschiedlichen Lebensgeschichten kennen zu lernen und sie mit der eigenen Lebensgeschichte in Verbindung zu bringen. Das Bewusstsein und die Zusage Gottes, dass auch wir »Töchter Abrahams sind« kann das Selbstbewusstsein von Frauen heute nachhaltig stärken und sie zu einer immer größeren Freiheit führen. Denn »Gott hat nicht nur starke Söhne«, wie Katharina Halkes sagt. Gerne möchten wir mit unseren Erfahrungen und den von uns verfassten Texten dazu beitragen, die eigene Lebensgeschichte und Frauengeschichte als Heilsgeschichte zu verstehen.

Einleitung

In den letzten Jahrzehnten hat sich die Welt gewaltig verändert. Das hat Auswirkungen auf das Leben der Menschen und damit auf das Leben der Frauen. Grenzen haben sich geöffnet – sowohl zwischen Ländern als auch in den Köpfen. Frauen stehen heute viel mehr Möglichkeiten offen. Sie nehmen ihr Leben selbst in die Hand und verwirklichen Pläne, von denen Frauen vor vielen Jahren nur träumen konnten. Neben allen Chancen führt das aber auch zu Verunsicherungen, zuweilen sogar zu Ängsten. Die Suche nach dem richtigen Weg und die Suche nach dem Lebenssinn überfordern viele Frauen, vor allem viele junge Frauen. Wo kann ich Orientierung finden? Woran kann ich mich halten?

In der großen Unübersichtlichkeit des Lebens werden Orientierungspunkte häufig übersehen. Wir finden sie zum Beispiel in der Bibel: Sie bietet einen wahren Schatz an Lebenserfahrungen und Lebensgeschichten. Sie handelt vom Leben in all seinen Facetten: von Geburt und Tod, von Liebe und Schmerz, von Zärtlichkeit und Einsamkeit, von Verzweiflung und stiller Hoffnung. Sie erzählt von Frauen, die ihren Lebensweg suchten und gefunden haben. In den alten Geschichten spiegeln sich unsere Gedanken und Sorgen erstaunlich oft wider.

Dieses Buch geht von der Lebenswirklichkeit und den Lebensfragen heutiger Frauen aus. Es konfrontiert sie mit denen der biblischen Frauen. Deshalb steht am Beginn jedes Kapitels neben einem Zitat einer Frau immer eine Einführung zur Aktualität des Themas. Biblische Texte stellen dann die Frauen der Bibel vor, wobei diese Texte zum besseren Verständnis zunächst erläutert und dann gedeutet werden. Daran schließen sich Impulse für die Weiterarbeit und das Gespräch in Gruppen sowie Kontexte an, die das Thema durch ergänzende Gedanken und Texte abrunden.

Der Aufbau des Buches orientiert sich an der befreiungstheologischen Art der Bibellesung Lateinamerikas. Hierbei werden Bibeltexte auf dem Hintergrund der jeweiligen Zeit, Kultur und gesellschaftlichen wie wirtschaftlichen Umstände der Leser gesehen. Damit wird der Erfahrung Rechnung getragen, dass die Bedeutung eines Textes nicht nur abhängig ist von Zeit und Umständen des Verfassers, sondern auch des Lesers. Die Lebensumstände der Gesellschaft und jedes einzelnen Menschen zu verbessern, steht der lateinamerikanischen Kirche dabei immer als lebendiges Ziel vor Augen.

Deshalb wird der biblische Text zunächst auf seine Bedeutung in der Entstehungszeit hin untersucht. Das ist der Versuch, sich in die Lebenssituation der Menschen vor rund 2000 bis 4000 Jahren zu versetzen, um die Bedeutung des Textes für damals ermessen zu können. Im Neuen Testament ist dabei die Situation der Frühen Kirche und ersten christlichen Gemeinden als Vorbild heutigen christlichen Gemeindelebens bedeutsam. Als nächstes gilt es, den Text nach seiner Konsequenz für heutiges Leben zu befragen. Was bedeutet er für mein Leben, für meine konkrete Lebenssituation und Lebensfrage? Schließlich steht die Frage an, wie mir dieser Text helfen kann, meine Lebenswirklichkeit zu verbessern. Welche Hoffnung birgt der Text? Zu welchem Schritt kann er mich ermutigen? Die Bibel ist ein Hoffnungsbuch. Es macht deutlich, dass Gott zu allen Zeiten auf der Seite der »Kleinen« steht, der vermeintlichen »Verlierer«. Ihnen zeigt er ihre Würde und ihren Wert.

Die Frauen der Bibel sind also Orientierungspunkte im Leben von heute. Sie helfen, das eigene Leben in den Blick zu nehmen und eröffnen ganz neue Perspektiven. Das eigene Leben mit dem Leben dieser Frauen zu konfrontieren, kann sehr bereichernd sein.

Frauenthemen – Frauengestalten

1. Frau werden – Frau sein

Mein Gott – was sind das für Tiefen
Mein Gott – was sind das für Höh'n
Sterben, Leben, Beginnen, Vergehn,
Leben lernen – anstrengend und schön.
Uschi Faltenbacher

Mädchen und junge Frauen wollen ihren eigenen Weg gehen. Sie spüren eine Ursehnsucht nach Entfaltung ihres Selbst und ihrer eigenen Kräfte. In unserer medial geprägten Gesellschaft ist das nicht immer einfach. Denn die Medien propagieren ein einheitliches Schönheitsideal, das sich orientiert am Aussehen von Schauspielerinnen, Sängerinnen und Moderatorinnen. Diese Frauen sind hübsch, erfolgreich und jung, sie zeigen offen ihre weiblichen Reize und präsentieren sich selbstbewusst. Dies ist oft weit weg von der eigenen Welt, in der Erfolge mühsam erarbeitet werden müssen. Da klaffen Wunsch und Wirklichkeit, Sehnsucht und Anspruch zu oft weit auseinander. Komplexe und Resignation sind die Folge.

Zu früheren Zeiten war der Lebensweg einer Frau in der Regel vorgezeichnet: Heirat und Familie bildeten den Lebensinhalt. Heute haben Frauen zahlreiche Möglichkeiten – das bringt eine neue Freiheit mit sich, setzt aber auch unter Druck: Wofür soll ich mich entscheiden? Für Beruf oder Familie? Für Karriere oder Kinder? Für beides? Was erträume ich mir von einem Beruf und wie kann ich diese Träume verwirklichen? Möchte ich alleine oder in einer Partnerschaft leben? Wie genau soll meine Partnerschaft aussehen? Möchte ich mit einem Menschen nah zusammenleben, mich vielleicht sogar für immer binden oder bevorzuge ich ein Leben auf Distanz? ... Die gegenwärtige Lage auf dem Arbeitsmarkt macht die Situation nicht leichter. Bei alldem kann es für junge Frauen schon einmal ganz schön schwer sein, sich auf dieses Frausein heute einzulassen. Die Zahl der magersüchtigen, aber auch der übergewichtigen jungen Mädchen spricht von der Zerrissenheit, von der Not, erwachsen zu werden und Verantwortung zu übernehmen. Und sie spricht davon, dass die Entwicklung des eigenen weiblichen Körpers Ängste auslösen kann.

Aber es muss nicht so sein: Vier junge Frauen berichten in den Texten am Ende des Kapitels von der Lust und Freude des Frauwerdens. Sie beschreiben dabei positive Frauen-Bilder in ihrer Umgebung, an denen sie sich gerne orientieren und von denen sie sich getragen fühlen. Die Texte sprechen von einem gesunden Selbstbewusstsein als Frau und von der Hoffnung auf Zukunft.

Alle Frauen unserer hektischen und vielschichtigen Zeit und Gesellschaft brauchen Orientierung und Austausch mit anderen Frauen. Viele Freundinnen treffen sich regelmäßig, um Probleme, Fragen, Sorgen und Freuden miteinander zu teilen. Viele Frauen verfolgen wöchentlich gespannt die Gespräche von berühmten Fernsehfreundinnen und finden sich darin wieder.

Die Bibel erzählt in ihren vielen Frauengeschichten auch von ureigenen Frauenproblemen – was wir heute als Frauen erleben, war den Frauen vor 2000 bis 4000 Jahren im Wesentlichen nicht unbekannt. Wir können uns in diesen Geschichten wieder finden wie in dem Gespräch mit einer guten Freundin. Wir können durch diese Geschichten zum Nachdenken kommen über unser eigenes Empfinden als Frau und wir können gemeinsam mit den biblischen Frauen lernen, einen Zugang zu unserer eigenen Frauen-Intuition zu bekommen.

Intuition als Frau meint die »kostbare Gabe, die uns Frauen bei der Orientierungssuche wie ein innerer Kompass sagt, welche Richtung wir einschlagen sollen« (Felix Rohner-Dobler, Feuer in mir, Firmung als Initiation, Kösel-Verlag, S. 111).

Im Evangelium des Matthäus webt der Autor zwei Frauengeschichten ineinander. Daher ist dieser Text eine besondere Rarität und für dieses Thema sehr reizvoll. Zum einen wird die Geschichte einer jungen Frau erzählt, für die es schwer ist, in das erwachsene Frauenleben einzutreten. In diese Geschichte wird das Schicksal einer älteren, lebenserfahrenen Frau integriert, die ihr Frausein leidvoll erleben muss. Für beide Frauen eröffnet sich in der Begegnung mit Jesus eine neue Lebensperspektive .

Bibelstelle: Die Auferweckung der Tochter eines Synagogenvorstehers und die Heilung einer kranken Frau (Mt 9,18-26)
Während Jesus so mit ihnen redete, kam ein Synagogenvorsteher, fiel vor ihm nieder und sagte: Meine Tochter ist eben gestorben; komm doch, leg ihr deine Hand auf, dann wird sie wieder lebendig. Jesus stand auf und folgte ihm mit seinen Jüngern. Da trat eine Frau, die schon zwölf Jahre an Blutungen litt, von hinten an ihn heran und berührte den Saum seines Gewandes; denn sie sagte sich: Wenn ich auch nur sein Gewand berühre, werde ich geheilt. Jesus wandte sich um, und als er sie sah, sagte er: Hab keine Angst, meine Tochter, dein Glaube hat dir geholfen. Und von dieser Stunde an war die Frau geheilt. Als Jesus in das Haus des Synagogenvorstehers kam und die Flötenspieler und die Menge der klagenden Leute sah, sagte er: Geht hinaus! Das Mädchen ist nicht gestorben, es schläft nur. Da lachten sie ihn aus. Als man die Leute hinausgedrängt hatte, trat er ein und fasste das Mädchen an der Hand; da stand es auf. Und die Kunde davon verbreitete sich in der ganzen Gegend.

Zum besseren Verständnis der Bibelstelle

In den Kapiteln 8 und 9 schildert der Evangelist Matthäus das machtvolle Wirken Jesu zum Heil der Menschen. Das Material zu diesen Geschichten hat Matthäus vor allem aus dem Markus-Evangelium, zum Teil auch aus der mündlichen Überlieferung genommen. Bei der Anordnung seiner Geschichten schafft Matthäus einen Rahmen durch das Gebiet von Kafarnaum um den See Gennesaret bis nach Nazaret.

Der in der Geschichte erwähnte Vorsteher war wohl ein einflussreicher Jude. Sein Glaube an eine mögliche Totenerweckung kann sich auf die von den Propheten Elija und Elischa im Buch der

Könige des Alten Testaments überlieferten Taten stützen. Der Glaube an die Totenerweckung war zur damaligen Zeit sehr verbreitet im Judentum. Die Worte »Das Mädchen ist nicht gestorben, sondern schläft« nehmen das Bild vom Todesschlaf auf und wenden es hin zur Todeserweckung.

In die Geschichte von der Totenerweckung integriert Matthäus die Heilung einer kranken Frau. Im Evangelium nach Markus wird diese Geschichte ausführlicher erzählt. Matthäus beschränkt sich darauf, von einer kurzen Berührung Jesu und der Frau zu berichten. Die Heilung selbst jedoch geschieht durch den Mut und das Selbstvertrauen der Frau und durch die Worte Jesu: »Dein Glaube hat dir geholfen«. So stellt Matthäus heraus, dass es sich hier nicht um ein magisches Ereignis handelt, sondern dass die Heilung durch die Kraft des Vertrauens entsteht.

Deutung

Das Matthäusevangelium schachtelt hier zwei Frauengeschichten ineinander. Es ist die Erzählung einer älteren und einer ganz jungen Frau. Die Erzählung der jungen Frau, die soeben gestorben ist, scheint die eigentliche Geschichte zu sein; die Erzählung der älteren Frau scheint so nebenher zu passieren. Wo ist das Gemeinsame, das Matthäus bewogen hat, beide Geschichten miteinander zu verbinden?

Beide »Hauptdarstellerinnen« dieser Bibelstelle befinden sich in scheinbar ausweglosen Situationen: Das Leben der jungen Frau scheint am Ende. Hat sie der Lebensmut verlassen? Und auch das der älteren: Sie leidet bereits seit zwölf Jahren an einer lebensbedrohlichen Krankheit. Diese Tatsache dürfte sie auch gesellschaftlich bereits an den Rand gedrängt haben.

Frauen galten von vorneherein in der jüdischen Gesellschaft weniger und wegen ihrer monatlichen Blutungen als unrein. Deshalb wird diese Frau durch das jahrelange Leiden kaum auf gesellschaftliche Akzeptanz und Hilfe hoffen dürfen. Krankheit wurde als Strafe Gottes gedeutet und damit wurden die betroffenen

Menschen aus der gesellschaftlichen Gemeinschaft ausgeschlossen: eine Frau, die vielleicht schon die eigene Selbstachtung verloren hatte.

Doch da ist zuerst dieses junge Mädchen, von dem der Vater glaubt, es sei gestorben. Er eilt zu Jesus in der Hoffnung, dass da noch etwas auszurichten sei gegen dieses Sterben seiner Tochter. Was passiert hier? Warum stirbt das Mädchen? Ist ihr Sterben ein Nicht-leben-Können?

Auf dem Weg zu dem toten jungen Mädchen spürt Jesus die leichte Berührung einer erwachsenen Frau. Es handelt sich um eine kranke Frau, die all ihren Mut zusammennimmt und den bekannten Prediger Jesus berührt. Sie ist sich sicher, dass diese menschliche Begegnung sie heilen kann von ihrem Leiden; dass ihr dieser winzige Augenblick so viel Mut und Kraft geben kann, dass sie ihr Leben weiter leben kann. Sie ist sich sicher, dass von dieser Menschlichkeit Jesu so viel Achtung ausgehen wird, dass für sie ein würdevolles Weiterleben möglich sein kann. Jesus erkennt ihre Situation, ihren Mut und ihren tiefen Glauben. Er nimmt sie wahr, wird auf ihre besondere Situation aufmerksam, spricht sie zärtlich und väterlich an und heilt sie. Er bestärkt sie in ihrem Lebensmut und nimmt ihr die Angst vor dem, was noch auf sie zukommen wird: »Hab keine Angst, meine Tochter, dein Glaube hat dir geholfen.« Er verleiht ihr die Würde, die sie für ihr Leben braucht. Er achtet sie als Mensch und besonders als Frau, was in der damaligen Zeit eher anstößig als selbstverständlich war. Damit kann die Frau auch sich selbst wieder mit Achtung begegnen und sieht ihr Leben in einem neuen Licht. Der Lebenskampf und das Leiden an der Krankheit lohnen. Ein Lebensschicksal und eine menschliche Begegnung, in der die ganze Liebe und Achtung Gottes gegenüber der Frau aufstrahlt: So wird die Berührung zwischen ihr und Jesus zu einer Begegnung, die ihr Leben verändert und ihre Lebenswunden heilt.

Danach geht Jesus weiter zum Haus des Synagogenvorstehers. Er erkennt sofort: Das Mädchen ist nicht tot, es schläft! Ich stelle mir vor, was genau passiert sein kann, als Jesus das Haus betrat und allein war mit der jungen Frau. Ich kann mir vorstellen, dass Jesus das Mädchen gefragt hat: »Mädchen, warum möchtest du nicht (mehr) leben?« Ich stelle mir dieses junge Mädchen vor, wie ich viele junge Mädchen heute kenne – heute Jugendliche, wären sie damals bereits im heiratsfähigen Alter gewesen. Was könnte sie Jesus geantwortet haben?

»Ich kann nicht leben, weil ich mich dem Leben einer erwachsenen Frau, einer Ehefrau und Mutter nicht gewachsen fühle! Ich schaffe das nicht, was man von mir erwartet! Ich bin nicht so wie all die anderen Mädchen und die Jungen, die sich stark genug fühlen für das Leben! Vielleicht werde ich meine Eltern enttäuschen und all die anderen Menschen im Ort!«

Vielleicht fehlte es ihr an Lebensmut, an eigenem Zutrauen. Vielleicht konnte oder wollte sie sich ihrem Leben und ihrer Lebensaufgabe als Frau in der damaligen Gesellschaft nicht stellen. Die Gründe dafür könnten vielfältig sein und liegen vielleicht sogar in den Eltern, vielleicht im Vater verborgen, der seine Tochter nicht loslassen und ihren eigenen Weg gehen lassen will oder kann.

Und wieder begegnet Jesus ihr mit all seiner Menschlichkeit und schafft es, sie zu einem neuen Lebensbeginn zu bewegen. Nachdem er bei ihr war, kann sie sich noch einmal einlassen auf das, was in ihrem Leben geschehen soll und darf. Sie kann sich vorstellen, es zu versuchen. Es ist der bewusste Eintritt in ein selbstbestimmtes Leben – bisher abhängig von Eltern, vom Vater, stehen jetzt eigene Entscheidungen an. Es steht an, in die eigene Lebenskraft zu vertrauen und daraus zu leben.

Vielleicht bezieht sich die hier beschriebene »Erweckung« auch nicht nur auf die Tochter, sondern auch auf den Vater, dem nach der Begegnung mit Jesus die Augen wach aufgehen und der das sehen kann, was seiner Tochter den Mut am Leben nimmt: mangelndes Zutrauen, mangelnder Zuspruch, dass er ihren eigenen Lebensweg gut heißt, erdrückende Fürsorge statt Vertrauen. Vielleicht kann er jetzt die Lebensstärke seiner Tochter sehen und akzeptieren. Vielleicht kann er jetzt die Frau in seiner Tochter annehmen – das Mädchen gehört der Vergangenheit an.

Was verbindet die beiden Frauengeschichten, so dass Matthäus sie ineinander webt? Vertrauen scheint das Schlüsselwort für das Verstehen der beiden Geschichten zu sein. Beide Frauen brauchen das Vertrauen in die eigene Lebenskraft, in den eigenen Lebensmut. Durch das Vertrauen auf Gott, konkret in der Person Jesu, bekommen sie Selbstvertrauen und können ihren Weg gehen.

Die beiden Frauen hätten gute Freundinnen werden können. Sicher hätten sie sich viel zu erzählen gehabt. Die Jüngere könnte von ihre Ängsten sprechen und davon, worauf sie hofft und worum sie bangt in ihrem Leben. Die Ältere, die schon so viele Höhen und Tiefen erlebt hat, könnte der Jüngeren Stütze sein mit ihrer Weisheit, ihrer Intuition, ihrem Wissen und ihrem Mut zu einem Wagnis.

Impulse für die Weiterarbeit und das Gespräch in Gruppen

1. Die beiden Geschichten können sowohl getrennt als auch gemeinsam betrachtet sehr reizvoll sein. Es kann ein biblisches Gespräch mit erwachsenen Frauen, aber auch eines mit jungen Frauen zu den beiden Geschichten interessant sein. Besonderen Reiz hätte sicher eines mit älteren *und* jüngeren Frauen gemeinsam – etwa in einer Generationen übergreifenden Frauengruppe, wie sie in vielen Frauengemeinschaften in Pfarrgemeinden vorkommen.

   Die Geschichte von der Heilung der blutflüssigen Frau kann in eine intensive persönliche Auseinandersetzung mit der eigenen Person und der eigenen Weiblichkeit münden:
   - Wie erlebe ich mein Frausein?
   - Ist es mir Last oder Freude meines Lebens?
   - Was berührt mich in meinem Leben besonders?
   - Was ist meine Lebenskraft/meine Energie?
   - Was nimmt mir den Lebensmut?
   - Welche Rolle nimmt mein Glaube, nimmt Gott in meiner Weiblichkeit ein?

   Die Geschichte des jungen Mädchens, dem der Lebensmut fehlt, kann besonders in einem Gespräch mit jungen Frauen interessant sein:
   - Mit welchem Lebensgefühl gehe ich in die Erwachsenenwelt?
   - Welche Vorbilder geben mir erwachsene Frauen?

- Was ist meine Lebensaufgabe, auf die ich mich besonders freue?
- Wie stellen sich meine Eltern zu meinem Erwachsenwerden?

2. *Die Tochter des Synagogenvorstehers und die blutflüssige Frau begegnen sich: Gruppengespräch und szenisches Spiel*

Was wäre, wenn sich die beiden Frauen in der Geschichte begegnet wären? Was würden sie einander erzählen und raten? Eine Frauengruppe könnte ein solches Gespräch nachempfinden. Folgende Arbeitsschritte leiten in eine solche Arbeit ein:

- Die Frauengruppe wird in zwei Gruppen eingeteilt. Jede Gruppe führt ein Gespräch über ihre Frauenfigur und die damit verbundene Situation.
- Anschließend können folgende Impulsfragen zur Vorbereitung einer Begegnung mit der anderen Gruppe hilfreich sein:
  - Was möchten wir als junge Frau/ältere Frau der anderen erzählen?
  - Möchten wir die andere Frau vielleicht um Rat fragen? Was möchten wir fragen?
  - Was möchten wir aus ihrem Leben erfahren?
- Gespräch unter den beiden Frauen: zwei verschiedene Möglichkeiten des Gesprächs:

  a) Jede Gruppe »entsendet« eine Frau, die das Gespräch führt. Die anderen Frauen beobachten das Gespräch. Hinterher kann ein gemeinsames Gespräch aller Frauen die Runde abschließen.

  b) Die beiden Gruppen von Frauen (dabei sollten die Gruppen nicht allzu groß sein) stehen sich im Raum gegenüber und führen das Gespräch als wechselseitiges Gespräch unter den Gruppen gemeinsam. Dabei sind alle Frauen der einen Gruppe die Tochter des Synagogenvorstehers und alle Frauen der anderen Gruppe die ältere blutflüssige Frau.

  Achtung! Das Gespräch sollte noch nicht in ein Kreisgespräch *über* die Frauen ausufern. Ein solches Gespräch kann in einer anschließenden Arbeitsphase separat laufen.

Kontexte

Frau sein – Frau werden: Berichte junger Frauen, die ihre Gefühle bezüglich des Erwachsenwerdens – Frauwerdens beschreiben.

1 Frau zu sein ist für mich etwas Besonderes: Meine Entwicklung fing für mich ziemlich spät an oder anders gesagt, das »Empfinden« fing ziemlich spät an. Früher als kleines Kind wollte ich immer ein Junge sein. Jungs waren für mich stärker, ich hatte Respekt vor ihnen. Doch mit 15, 16 Jahren merkte ich langsam, aber sicher: »Ich werde eine Frau«. Ich zog mich an wie eine Frau, ich betone meine Figur, denn heute bin ich stolz darauf, in der Entwicklung zu einer Frau zu sein. Ich finde, Frauen sind das stärkere Geschlecht (ich denke z. B. an Schwangerschaft und Geburt).
Ich habe kein konkretes »Idol« wie ich in 15 oder 20 Jahren sein möchte, ich möchte einfach weiterhin Selbstbewusstsein haben, beruflich erfolgreich sein und respektvoll behandelt werden: die Frau von heute!
(Anne, 16 Jahre)

2 Ich habe als heranwachsende Frau oft das Gefühl, mich den Jungs gegenüber beweisen, zu müssen, und ich muss zugeben, dass ich sehr empfindlich darauf reagiere, wenn gesagt wird, dass Frauen das schwächere Geschlecht sind. Ich glaube, vielen des anderen Geschlechtes ist es gar nicht bewusst, wie schwer es ist, sich in der Zeit, in der man sich zur Frau entwickelt, selbst anzunehmen und als etwas Besonderes erkennbar zu machen. Mit sich selbst zufrieden zu sein, so wie man ist, dauert seine Zeit. Und wenn man sich dann mit sich selbst identifizieren kann, dann findet man es toll eine Frau zu sein.
(Eva, 16 Jahre)

3 Ich, als heranwachsende Frau, bin oft in Situationen, in denen ich nicht weiß, wie ich mich verhalten soll. In solchen Zeiten bin ich froh, wenn ich jemanden habe, an dem ich mich orientieren kann und der mir Ratschläge gibt.

In diesem Fall habe ich meine Tante, die in ihrem Leben schon viele »Hochs« und »Tiefs« erlebt hat und in meinen Augen alles hervorragend gemeistert hat. Sie findet für jede Situation die richtigen Worte und gibt ihre Erfahrungen oft und gerne weiter. Für mich ist sie das beste Beispiel für eigenständige Frauen.
(Vera, 16 Jahre)

4 Frau zu sein, bzw. Frau zu werden bedeutet für mich, fast täglich neue Erfahrungen zu machen. Auch wenn in dieser Zeit viele Fragen, Zweifel oder Ängste auftauchen, ist es – zumindest für mich – ein schönes Gefühl, mehr Verantwortung zu übernehmen und Entscheidungen zu treffen.
Ich bin froh, in einer Zeit zu leben, in der Frauen mehr Eigenständigkeit und Selbstbewusstsein besitzen, um sich gegen die Männerwelt durchzusetzen.
(Katharina, 17 Jahre)

2. Frauen und Macht

Ich mag Männer. Auch die Mächtigen – man muss sie nur durchschauen.
Angelika Jahr-Stilcken

»Frauen an der Macht« – dass das noch immer kein alltägliches Thema ist, zeigt das Buch von Maybrit Illner. Sie hat 21 Frauen in Macht- und Führungspositionen zum Begriff der Macht und zu ihren Erfahrungen mit der Macht befragt. Die Antworten der Befragten wiesen erstaunlich viele Ähnlichkeiten auf. Auf den Punkt gebracht treffen alle Frauen die gleiche Aussage: Macht ist für Frauen alles andere als alltäglich!

Die Situation ist bekannt: Noch immer ist der Anteil der Frauen in Führungspositionen weitaus geringer als der der Männer. Manchmal scheint es gar gesellschaftliche Einflüsse zu geben, die die Mädchen und Frauen von der Macht fernhalten wollen. Was aber verbinden Frauen mit dem Begriff Macht? Wie sehen die ihre Position und ihren Weg, die es in führende Positionen geschafft haben? »Macht« übersetzen die Frauen in Illners Buch für sich mit »gestalten wollen«, »prägend wirken wollen«, »an einer guten Sache orientiert sein«, »kämpfen und bewegen«, »Verantwortung übernehmen für die Geschicke der Welt«. Sachkompetenz, so die Stimmen in dem Buch, reicht oftmals nicht aus, um seinen Weg erfolgreich zu gehen. Frauen brauchen Strategien, kluges Agieren und das Wissen um die Männermachtstrukturen. Und noch eines ist wichtig für ein erfolgreiches Mitgestalten: Über Margaret Thatcher wird gesagt, dass am Anfang ihrer großen Politikerinnenkarriere eine Vision stand. Sie hatte eine Idee davon, wie sie selbst die Verhältnisse verbessern könnte. Dieser Vision blieb sie treu – und damit blieb sie sich treu.

Wer bin ich? Was kann ich? Was will ich? Jede Frau muss ihren eigenen Weg gehen. Jede Frau muss dabei sie selbst sein und sie selbst sein wollen. Als Abbild von jemand anderem wird niemand Erfolg haben.

Treu war sie sich, mächtig war sie und erfolgreich, eine Vision hatte sie und den nötigen Mut »mitzumischen« in der großen Politik ihrer Zeit – Judit, *die* Politikerin des Alten Testaments. Mit ihrer Geschichte kann sie heute Frauen in Machtpositionen und bei Führungsaufgaben Ratgeberin, Freundin und Vorbild sein. Denn gerade daran fehlt es den heutigen Frauen, so die Frauen in Illners Buch. Viele erleben sich immer noch als Einzelkämpferinnen.

Was ist Macht für Judit, für eine Frau vor gut 2000 Jahren? Wie übt sie die ihr übertragene Macht aus? Wie bleibt sie menschlich angesichts der großen Verantwortung? Wofür setzt sie ihre Fähigkeiten und ihre Führungsqualitäten ein? In einem kann sie sicher uns allen Vorbild sein – Frauen wie Männern: in ihrem unerschütterlichen Gottvertrauen.

1. Bibelstelle: Judit und die Ältesten (Judit 8,9–18.28–29)

Judit hörte von den Vorwürfen des Volkes gegen das Stadtoberhaupt, als es wegen des Wassermangels den Mut verlor. Ebenso erfuhr sie, was Usija den Leuten geantwortet hatte und dass er ihnen unter Eid versprochen hatte, nach Ablauf von fünf Tagen die Stadt an die Assyrer auszuliefern. Da ließ sie durch ihre Dienerin, die ihrem ganzen Hauswesen vorstand, die Ältesten ihrer Heimatstadt, Kabri und Karmi, herbeiholen.

Als sie zu ihr kamen, sagte sie zu ihnen: Hört mich an, ihr Vorsteher der Einwohner von Betulia! Es war nicht recht, was ihr heute vor dem Volk gesagt habt. Durch diesen Eid, den ihr geschworen habt, habt ihr Gott und euch selbst festgelegt; denn ihr habt erklärt, dass ihr die Stadt unseren Feinden ausliefern wollt, wenn der Herr euch nicht inzwischen Hilfe schickt. Wer seid ihr denn, dass ihr am heutigen Tag Gott auf die Probe stellt und euch vor allen Leuten an die Stelle Gottes setzt? Ihr wollt den Herrn, den Allmächtigen, auf die Probe stellen und kommt doch ewig zu keiner Erkenntnis. Nicht einmal die Tiefe des Menschenherzens könnt ihr ergründen und die Gedanken seines Geistes erfassen. Wie wollt ihr dann Gott erforschen, der das alles geschaffen hat? Wie wollt ihr seine Gedanken erkennen und seine Absichten verstehen? Nein, meine Brüder, reizt den Herrn, unseren Gott, nicht zum Zorn! Auch wenn er nicht gewillt ist, uns in diesen fünf Tagen Hilfe zu schaffen, so hat doch er zu bestimmen, zu welcher Zeit er uns helfen oder uns vor den Augen unserer Feinde vernichten will. Versucht nicht, die Entscheidungen des Herrn, unseres Gottes, zu erzwingen; denn Gott ist nicht wie ein Mensch, dem man drohen kann, und wie ein Menschenkind, das man beeinflussen kann. Darum wollen wir die Rettung von ihm erwarten und ihn um Hilfe anrufen. Er wird unser Flehen erhören, wenn es seinem Willen entspricht. Denn eines gab es bei uns nicht und gibt es auch heute nicht: Es gibt weder einen Stamm noch eine Familie, weder einen Gau noch eine Stadt, die von Menschen gemachte Götter anbeten, wie es in früherer Zeit geschah. (…) Da sagte Usija zu ihr: Alles, was du gesagt hast, kam aus einem edlen Herzen, und es gibt niemand, der deinen Worten widersprechen kann. Deine Weisheit wird ja nicht erst heute offenbar, sondern schon von deiner frühesten Jugend an kennt das ganze Volk deine Einsicht und weiß, wie edel die Gedanken deines Herzens sind.

Zum besseren Verständnis der Bibelstelle

Die Bücher Tobit, Judit und Ester schließen sich im Alten Testament an die Geschichtsbücher an. So müssen sie auch verstanden werden: Die Verfasser dieser Bücher wollen nicht die Geschichte Israels weitererzählen, sondern sie deuten. Auch wenn die Geschichten von Tobit, Judit und Ester so scheinen: Sie wollen weniger ein einzelnes Ereignis als vielmehr die allgemeine und immer wiederkehrende Auseinandersetzung zwischen dem jüdischen Israel und den heidnischen Kulturen der damaligen Zeit beschreiben. Dem Verfasser des Buches Judit geht es darum, religiöse Konflikte, aber auch Machtstrukturen und Kräfte sichtbar zu machen, denen das Volk Israel ausgeliefert war und immer ausgeliefert sein wird.

Die Geschichte Judits spielt zur Zeit des Herrschers Nebukadnezzar, der zur damaligen Zeit – so die Forschung – König von Babylon gewesen ist. Die Geschichte nimmt es an dieser Stelle mit der historischen Wahrheit nicht so genau: Hier regierte er in Ninive. Eine kühne Gleichgültigkeit gegenüber Geschichte und Geographie, die bestätigt, dass es im Wesentlichen nicht um Geschichtsschreibung geht. Nebukadnezzar galt als *das* Symbol für die Vernichtung und für das Böse: einer, der sich selbst zum Gott erheben wollte. Er plante alle zu vernichten, die ihm nicht gehorchten: »Ihre Täler sollen sich mit Gefallenen füllen; jeder Bach und Fluss soll übervoll werden von Toten. Ihre Gefangenen will ich bis an die Grenzen der Erde verschleppen. (...) Alle, die sich dir ergeben, sollst du mir aufbewahren für den Tag der Bestrafung. Alle aber, die Widerstand leisten, sollst du schonungslos dem Tod und der Plünderung preisgeben in deinem ganzen Machtbereich.« (Judit 2,8.9.11). »Alle Völker sollten nur Nebukadnezzar verehren und alle Stämme und Nationen ihn als Gott anrufen.« (Judit 3,8).

In diese bedrohliche Zeit hinein schreibt der Autor die Geschichte von Judit – »die Jüdin«, wie ihr Name besagt. Sie ist also eine von dem kleinen jüdischen Volk, das sich der gewaltigen Streitmacht des Holofernes, des Oberbefehlshabers Nebukadnezzars, gegenüber sieht. Sie wird als junge Witwe beschrieben, die schön, klug, gottesfürchtig und tatkräftig ist. Mit ihrer Klugheit und Schönheit besiegt sie erst die Kleinmut ihrer Landsleute und dann das gesamte assyrische Heer des Holofernes. Sie wirft ihrem eigenen Volk und dessen Führern Mangel an Gottvertrauen vor. Dann betet sie, schmückt sich und stellt sich dem Grauen in Person: Holofernes! Sie wohnt einige Tage bei ihm und nutzt dann in ihrer Klugheit eine Gelegenheit ihn zu töten: Als er im Weinrausch und dadurch ungefährlich ist, schlägt sie ihm den Kopf ab, den sie dann als Symbol für die Rettung mit zu ihrem Volk nimmt. Ohne seinen Herrscher ist das Heer geschlagen und das Volk Israel gerettet. Die Israeliten loben Judit, singen und tanzen mit ihr vor Freude und preisen Gott für seine Hilfe.

Judit lebte noch lange in der geretteten Stadt Betulia, der, so lange die hochgeschätzte Witwe in der Stadt war, nichts Böses mehr geschah.

Was hier fast wie ein Märchen klingt, ist eine Erzählung über eine Frau, die weiß, was sie will. Sie hat den Mut und das Gottvertrauen, die nötigen Schritte zu tun, die ihr Volk retten.

Deutung

Judit – eine mutige und schöne, eine kämpferische Frau, eine aktive Politikerin, eine kluge Strategin. Die Gesamtheit ihrer Gaben macht ihren Erfolg aus. Judit scheut weder die unbequeme Wahrheit noch die ungewöhnliche Tat, wenn es darum geht, Gottes Willen zu tun und das Volk vor dem Verderben zu retten.

Zu Beginn der Geschichte wäscht sie den Ältesten der Stadt ganz ordentlich den Kopf. Die hatten schon aufgegeben angesichts des assyrischen Heers, das bereits vor der Stadt lagerte und die Brunnen in seiner Gewalt hatte. »Es war nicht recht, was ihr heute vor dem Volk gesagt habt. Durch diesen Eid, den ihr geschworen habt, habt ihr Gott und euch selbst festgelegt; denn ihr habt erklärt, dass ihr die Stadt unseren Feinden ausliefern wollt, wenn der Herr euch nicht inzwischen Hilfe schickt.« (Judit 8,11). Die Mächtigen der Stadt hatten selbst schon das Denken und Ringen um Lösungen aufgegeben. Sie hatten sich bereits mit dem Verlust der Stadt und des Volkes abgefunden. Für sie galt es nur noch den Untergang zu verwalten. Judit macht deutlich, dass sich das Volk und ihre Führer nicht zu wundern brauchen, wenn sich nichts mehr zum Besseren wenden wird. Sie macht deutlich, dass das alleinige Dasitzen und Warten auf ein Wunder des Himmels nichts bewirken wird. Judit, die gottesfürchtige und gläubige Witwe, steht mit beiden Beinen auf dem Boden der Tatsachen: »Entweder *wir tun* etwas, oder wir werden wirklich untergehen!« So klar hatte es den beiden Stadtoberen wohl niemand anderes als diese mutige junge Frau vor Augen geführt: »Da sagte Usija zu ihr: Alles, was du gesagt hast, kam aus einem edlen Herzen, und es gibt niemand, der deinen Worten widersprechen kann.« (Judit 8,28).

Judit weiß, dass Gott die Welt nicht ohne den Menschen verändern kann und es auch nicht will. Sie verweist, ohne dass sie es ausspricht, auf den Schöpfungsmythos am Anfang der biblischen Überlieferung: »Gott, der Herr, nahm also den Menschen und setzte ihn in den Garten von Eden, damit er ihn bebaue und hüte.« (Gen 2,15). Damit macht sie deutlich, dass Gott dem Menschen einen Auftrag, eine Verantwortung und damit eine große Chance gegeben hat. Nur wenn jeder einzelne Mensch seine Verantwortung wahrnimmt, ist eine Verbesserung der Welt möglich.

Aber Judit macht auch deutlich, dass der Mensch nicht eigenmächtig handeln darf. Macht darf nicht zum Selbstzweck werden. Denn wo Macht zum Selbstzweck wird, gibt es keine Vision mehr davon, wie die Welt für alle Menschen besser werden kann. Macht, die zum Selbstzweck wird, kennt nur eigene Interessen. Judit aber hat zu jedem Zeitpunkt ihres Tuns und Überlegens das Wohl des Volkes und den Willen Gottes im Sinn. In jedem Schritt ihrer Taten ist Judit mit Gott im Gespräch – nie lässt sie den Faden zwischen sich und Gott abreißen. Sie vertraut auf ihr innerstes Gefühl und darauf, dass ihre Taten, auch die ungewöhnlichen, im Sinne Gottes sind. Sie sieht sich in dem größeren Zusammenhang der Geschichte von Gott und Israel: »Du hast bewirkt, was damals war und auch was vorher und später geschah. Doch auch was jetzt geschieht und noch kommen wird, hast du erdacht, und es ist eingetroffen, was du geplant hast. Deine Beschlüsse standen da und sagten: Hier sind wir. Denn alle deine Wege sind schon gebahnt, und dein Gericht ist eine beschlossene Sache.« (Judit 9,5f.). Judit vertraut darauf, dass die Geschichte weitergehen wird, wenn Menschen sich dafür einsetzen. Damit stellt sie sich in Gottes großen Plan und seine Vision von einer guten Welt. Sie überschätzt sich nicht, aber sie traut sich mit Gottes Hilfe etwas zu: »Schenke mir, der Witwe, die Kraft zu der Tat, die ich plane.« (Judit 9,9). Dabei ist sie sich der Verantwortung ihrer weit reichenden und durchaus auch gefährlichen Tat bewusst. Sie nimmt sich genügend Zeit zum Gebet, genügend Zeit abzuwägen und ihre eigenen Motivationen zu prüfen. Erst dann handelt sie: »Als sie ihr flehentliches Gebet zu dem Gott Israels beendet und *alles* gesagt hatte, stand sie auf« (Judit 10,1f.). Sie nimmt sich ausreichend Zeit zur Vorbereitung auf ihre wichtige Stunde für das Volk. Sie ist sich ihrer eigenen Stärken – gerade ihrer besonderen Frauenstärken bewusst und nutzt sie. »Dort legte sie das Bußgewand ab, das sie trug, zog ihre Witwenkleider aus, wusch ihren Körper mit Wasser und salbte sich mit einer wohlriechenden Salbe. Hierauf ordnete sie ihre Haare, setzte ein Diadem auf und zog Festkleider an, die sie zu Lebzeiten ihres Gatten Manasse getragen hatte.«

(Judit 10,3). In dem, was sie tut, agiert sie nicht kopflos. Sie tut alles in vollem Bewusstsein, was das Buch Judit in vielen Detailbeschreibungen zum Ausdruck bringt. In ihrem Plan denkt sie sich ganz bewusst in die Männermachtstrukturen des Holofernes hinein und begibt sich in seinen Machtbereich, um dann zum geeigneten Zeitpunkt ihren eigenen Plan umzusetzen. Ihre Schönheit, ihr Charme, ihr kluges Reden und ihre Gottesfürchtigkeit beeindrucken Holofernes so sehr, dass er seine eigenen Ziele für einen gefährlichen Moment aus den Augen verliert. Judit aber verliert sich nicht in einer geglaubten Allmacht. Sie bleibt bei sich, ihrer Vision und ihrem Gott: »Sie ging ganz nahe zu seinem Lager hin, ergriff sein Haar und sagte: Mach mich stark, Herr, du Gott Israels, am heutigen Tag. Und sie schlug zweimal mit ihrer ganzen Kraft auf seinen Nacken und hieb ihm den Kopf ab.« (Judit 13,7f.)

Judit – eine Frau, die mitmischt, die sich einmischt, die gestaltet, die kämpft und bewegt, die einen ungewöhnlichen Weg bestreitet. Nur so kann sie etwas verändern. Nur so kann sie zur Retterin werden. Eine Frau, der die Geschichte und die Zukunft ihres eigenen Volkes nicht egal ist und die ihrem eigenen Leben, das so jäh durch den frühen Tod ihres Mannes verändert wurde, einen neuen Sinn gibt. Viele mutige Frauen stehen heute in der Tradition Judits und stellen ihre eigenen Fähigkeiten in den Dienst anderer. Sie stellen sich der Verantwortung. Manchmal fühlen sie sich dabei allein, erleben sich als Einzelkämpferin. Judit könnte für sie zur Orientierung, zum Halt, vielleicht auch zur Fürsprecherin werden.

Impulse für die Weiterarbeit und das Gespräch in Gruppen

Gerade das Thema Verantwortung bietet für eine Frauengruppe zahlreiche Chancen und Möglichkeiten. Im Anschluss an die Auseinandersetzung mit Judit könnten Aktivitäten folgender Art stehen, die den Horizont erweitern:

1. Persönliche Auseinandersetzung mit dem Thema: Was kann Judit mir sagen? Das Buch bietet viele Ansatzpunkte, das eigene Engagement zu überdenken.

- Was ist mir wichtig?
- Wo setze ich in meinem Leben Prioritäten?
- Für welche Werte trete ich ein?
- Nehme ich Verantwortung wahr – auch außerhalb von Beruf und Familie?
- An welchen Stellen gestalte ich das Leben in Gesellschaft und Kirche mit?
- Wo könnte ich mich engagieren?
- Wie stehe ich zum politischen Geschehen?

2. Einladung einer Politikerin
   Jede Politikerin des Umkreises bietet Sprechstunden an und ist sicher gerne bereit für ein Gespräch in einer Frauengruppe.
   Gesprächsinhalte könnten sowohl allgemeine frauenspezifische Fragen (Kinderbetreuung/Familie und Karriere/Altenpflege/Erziehung und Bildung/Gesundheit usw.), als auch tagesaktuelle politische Fragen sein. Vor allem aber könnte eine Politikerin von ihren persönlichen Erfahrungen berichten: Wie sieht sie ihre politische Karriere? Welchen Weg ist sie gegangen? Was motiviert sie? Welche Erfahrungen machen Frauen in Machtpositionen mit Männern und mit anderen Frauen? Was hindert Politikerinnen im politischen Alltag, was fördert sie? Woran leiden sie, woran freuen sie sich? Welche Visionen haben Politikerinnen? Was erhoffen, wünschen sich Politikerinnen von der Kirche und den Kirchengemeinden, von den Frauenverbänden?
   Als Alternative ist auch der Besuch in einem Parlament, etwa einer Landesvertretung denkbar.
3. Auseinandersetzung mit Frauengeschichte
   Demokratie ist für uns heute so selbstverständlich, dass wir manchmal sogar meinen, auf Mitbestimmungsrechte verzichten zu können. Das war lange Zeit – besonders für Frauen – anders. Generationen von Frauen haben für ihr Wahlrecht, für ihre Zulassung zu bestimmten Berufen und Studiengängen kämpfen müssen. Viele Frauen haben in diesen Kämpfen persönliche Einschränkungen und Verletzungen hinnehmen müssen. Wer waren diese Frauen? Wer waren die ersten Politikerinnen, Wissenschaftlerinnen, Medizinerinnen, Frauenrechtlerinnen?

Seit wann gibt es das Frauenwahlrecht? Wie lange und wie wurde darum gekämpft? Eine Beschäftigung mit solchen Frauen und ihren Lebensgeschichten ist eine wahre Entdeckungsreise. Bildmaterial und Literatur zu berühmten und weniger berühmten Frauen finden sich in jeder örtlichen Bibliothek.

4. Demokratische Strukturen in der Kirche in den Blick nehmen
Auch wenn die Kirche nach außen hin oft wie zugemauert wirkt, gibt es zahlreiche demokratische Strukturen und Orte, wo Frauen sich engagieren und mitbestimmen können. In den Pfarrgemeinden vor Ort sind das in der Regel die Pfarrgemeinderäte in der katholischen Kirche oder die Presbyterien in der evangelischen Kirche. Wie kommen Entscheidungen in diesen Gremien zustande? Wie sehen Mitbestimmungsrechte aus? Wie verlaufen die Wahlen für diese Gremien? Welche Themen stehen in den Gremien an? Welche Verzahnungen gibt es zwischen örtlichen Kirchengemeinden und kommunalen Gemeinden? Ist es möglich gemeinsam Projekte zu verwirklichen? Welche Frauenverbände gibt es in der Kirche? Wie ist ihre unterschiedliche Prägung? Wie werden diese Verbände organisiert, finanziert? Welche Themen beschäftigen diese Verbände und wie reagiert die Politik auf kirchliche Frauenverbände? Vertreterinnen der Gremien stehen sicher gern für ein Gespräch zur Verfügung.

3. Mutlosigkeit und neue Kraft

Nicht müde werden,
sondern dem Wunder
leise
wie einem Vogel
die Hand hinhalten
Hilde Domin

Müde werden – mutlos werden, das ist eine der großen Versuchungen unserer Zeit. Mutlosigkeit macht sich schnell breit, wenn das Fehlen von Perspektiven und die Ohnmacht die Stimmung prägen. Arbeitslosigkeit, Unfrieden und Gewalt bestimmen die Nachrichten, die wir täglich hören. Aber auch das Gespräch in der Familie, mit den Nachbarn oder den Kolleginnen macht deutlich, dass es immer schwieriger wird, Perspektiven und Ziele für das eigene Leben zu sehen. In unserer Gesellschaft scheint alles möglich zu sein. Und doch kommt der einzelne schnell an die Grenzen dessen, was er verwirklichen kann. Wie soll man da Perspektiven für das eigene Leben entwickeln, wo doch so vieles gar nicht von mir, von meiner Leistung und meinem Einsatz abzuhängen scheint?

Mutlosigkeit macht sich breit, wo Menschen enttäuscht und verletzt vor einer zerbrochenen Beziehung stehen. Trotz anders lautender Lippenbekenntnisse sind viele Partnerschaften heute nicht mehr auf Dauer angelegt. Ehen und Familien zerbrechen, Trauerarbeit muss geleistet werden und eine Neuorientierung ist oft schwierig. zerbrochene Beziehungen lassen immer Wunden und Narben zurück und die Hoffnung in gelingende Beziehungen wird kleiner.

Mutlosigkeit – ist das auch ein Grund für die geringe Geburtenzahl? Kinder werden immer öfter als Belastung empfunden statt als Quelle der Freude, weil Familie und Beruf für eine Frau nicht so leicht zu vereinbaren sind. Sie werden zur »Doppelbelastung«. Was kann ich mir zutrauen? Woher kommt meine Kraft?

In einem solchen gesellschaftlichen Kontext ist die Gefahr groß, müde und mutlos zu werden anstatt dem Wunder immer wieder die Hand entgegenzustrecken, die leere, die bittende Hand. In der Bibel finden sich Texte über Frauen, die sich in ähnlichen Situationen befanden.

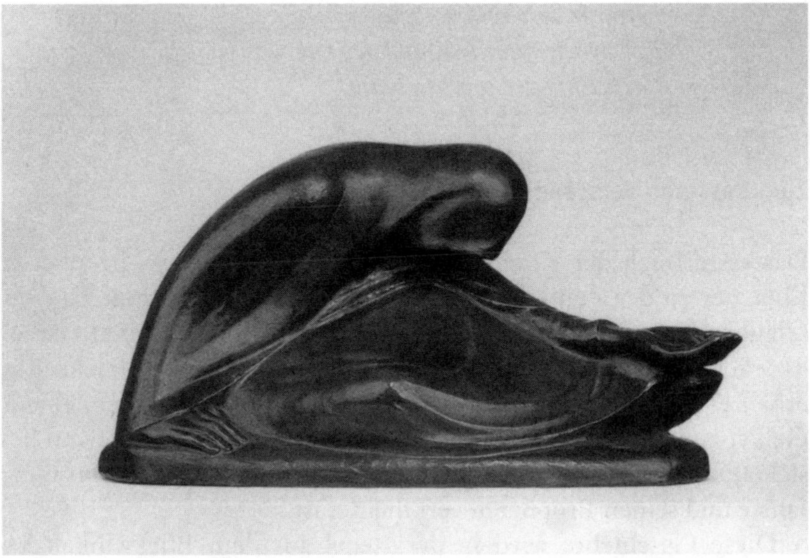

1. Bibelstelle: Elija in Sarepta (1 Könige 17,8–16)

Da erging das Wort des Herrn an Elija: Mach dich auf, und geh nach Sarepta, das zu Sidon gehört, und bleib dort! Ich habe dort einer Witwe befohlen, dich zu versorgen. Er machte sich auf und ging nach Sarepta. Als er an das Stadttor kam, traf er dort eine Witwe, die Holz auflas. Er bat sie: Bring mir in einem Gefäß ein wenig Wasser zum Trinken! Als sie wegging, um es zu holen, rief er ihr nach: Bring mir auch einen Bissen Brot mit! Doch sie sagte: So wahr der Herr, dein Gott, lebt: Ich habe nichts mehr vorrätig als eine Handvoll Mehl im Topf und ein wenig Öl im Krug. Ich lese hier ein paar Stücke Holz auf und gehe dann heim, um für mich und meinen Sohn etwas zuzubereiten. Das wollen wir noch essen und dann sterben. Elija entgegnete ihr: Fürchte dich nicht! Geh heim, und tu, was du gesagt hast. Nur mache zuerst für mich ein kleines Gebäck, und bring es zu mir heraus! Danach kannst du für dich und deinen Sohn etwas zubereiten; denn so spricht der Herr, der Gott Israels: Der Mehltopf wird nicht leer werden und der Ölkrug nicht versiegen bis zu dem Tag, an dem der Herr wieder Regen auf den Erdboden sendet. Sie ging und tat, was Elija gesagt hatte. So hatte sie mit ihm und ihrem Sohn viele Tage zu essen. Der Mehltopf wurde nicht leer, und der Ölkrug versiegte nicht, wie der Herr durch Elija versprochen hatte.

Zum besseren Verständnis der Bibelstelle

Das erste Buch der Könige erzählt die Geschichte des Propheten Elija, der zu der Zeit lebte, als Israel stärker dem Baalskult als dem Glauben an Jahwe anhing. Elija wird von Gott berufen, Israel Trockenheit und Dürre als Strafe Gottes anzusagen. Gleichzeitig erhält er den Auftrag, sich in Kerit und Sarepta aufzuhalten, einem Gebiet außerhalb Israels. Die Witwe von Sarepta, die Elija dann bei sich aufnimmt, ist also eine »heidnische« Frau, die nicht dem Gott Jahwe und seinen Propheten verpflichtet ist.

Diese Geschichte wird in der Regel aus dem Blickwinkel des Propheten Elija gelesen. Doch wie sieht sie aus, wenn sie aus der Perspektive der namenlosen Witwe gelesen wird?

In Sarepta lebt diese namenlose Frau. Sie lebt mittlerweile alleine, sie ist Witwe und das einzige, das ihr geblieben ist, ist ihr Sohn. Möglicherweise herrscht im ganzen Land Not, auf jeden Fall ist diese kleine Familie völlig mittellos und am Ende: »Ich habe nichts mehr vorrätig als eine Handvoll Mehl im Topf und ein wenig Öl im Krug. Ich lese hier ein paar Stücke Holz auf und gehe dann heim, um für mich und meinen Sohn etwas zuzubereiten. Das wollen wir noch essen und dann sterben.« Das klingt wie das bittere Fazit am Ende eines langen Kampfes. Sicherlich hat die Frau alles unternommen, um den Lebensunterhalt zu sichern und sich und ihren Sohn am Leben zu erhalten. Nun bleibt ihr nichts mehr. In dieser verzweifelten Situation befiehlt ihr Elija: »Nur mache zuerst für mich ein kleines Gebäck und bring es zu mir heraus!« Da, wo nichts mehr ist, da soll sie noch etwas hergeben. Dem Fremden, dem Andersgläubigen das Letzte geben, was sie noch hat?

Das Besondere an dieser Frau ist, dass sie bis ganz zuletzt die Hoffnung nicht aufgibt und auch nicht den Blick für das verliert, was um sie herum passiert. Ganz anders als Elija, der sich nach dem

Scheitern seiner Mission unter den Wacholderstrauch setzt und nur noch sterben will. Diese Witwe, sie teilt das Letzte, was sie noch hat – vielleicht, weil sie nichts mehr zu verlieren hat? Vielleicht, weil ihre Hoffnung doch stärker ist als der Tod und sie den Gott Elijas als lebendigen Gott anerkennt? Zeigt sich in der Witwe von Sarepta nicht eine Mütterlichkeit, die nicht nur das eigene Kind schützt, sondern sich verantwortlich weiß für alles Lebendige?

Eine ähnliche Erfahrung wird in einem Märchen erzählt, dem Sterntaler-Märchen. Auch hier wird das Mädchen über alle Maßen hinaus gefordert. Sie wird gebeten zu geben, was sie selbst dringend zum Überleben braucht: das Brot, die Handschuhe, das Hemd – und sie gibt auch das Allerletzte.

Beide Erzählungen stellen die Frage nach dem Vertrauen, nach dem Vertrauen in das Leben, dem Vertrauen in Gott. Das ist eine der zentralen Fragen, auf die jeder Mensch eine persönliche Antwort finden muss.

2. Bibelstelle: Die Erhörung der Bitte einer heidnischen Frau (Mt 15,21–28)

Von dort zog sich Jesus in das Gebiet von Tyrus und Sidon zurück. Da kam eine kanaanäische Frau aus jener Gegend zu ihm und rief: Hab Erbarmen mit mir, Herr, du Sohn Davids! Meine Tochter wird von einem Dämon gequält. Jesus aber gab ihr keine Antwort. Da traten seine Jünger zu ihm und baten: Befrei sie (von ihrer Sorge), denn sie schreit hinter uns her. Er antwortete: Ich bin nur zu den verlorenen Schafen des Hauses Israel gesandt. Doch die Frau kam, fiel vor ihm nieder und sagte: Herr, hilf mir! Er erwiderte: Es ist nicht recht, das Brot den Kindern wegzunehmen und den Hunden vorzuwerfen. Da entgegnete sie: Ja, du hast recht, Herr! Aber selbst die Hunde bekommen von den Brotresten, die vom Tisch ihrer Herren fallen. Darauf antwortete ihr Jesus: Frau, dein Glaube ist groß. Was du willst, soll geschehen. Und von dieser Stunde an war ihre Tochter geheilt.

Zum besseren Verständnis der Bibelstelle

In der Nähe von Sarepta, im Gebiet von Sidon und Tyrus wird im Neuen Testament später die Geschichte der Frau angesiedelt, die ebenfalls um ihr Kind kämpft. Auch sie ist eine namenlose Frau, eine heidnische Frau. Sie kämpft um ihr Kind in einer Situation, die so verzweifelt und hoffnungslos ist wie die der Witwe in der Hungersnot. Ihre Tochter ist von einem Dämon geplagt – eine Krankheit, die mit Sünde und Unreinheit in Verbindung gebracht wurde und die die Familie sicherlich einsam machte.

Wie viele Familien, besonders Frauen mit behinderten, mit kranken Kindern kämpfen darum, am normalen Leben teilzuhaben? Nicht immer beäugt oder bemitleidet zu werden, manchmal auch einfach Zeit für sich selbst zu haben, aus dem Dauerstress der Sorge und Pflege ausbrechen zu können?

Diese Frau kämpft so hartnäckig darum, bei Jesus Gehör zu finden, dass sie zunächst den Jüngern lästig wird. Sie, eine Frau, eine heidnische Frau, schreit Jesus hinterher. Wie viel Mut hat das wohl in einer Situation erfordert, in der Frauen in der Öffentlichkeit keine Stimme hatten?

Sie kämpft hartnäckig und energisch um ihr Kind, und so stellen sich sogar die Jünger auf ihre Seite – wenn auch nur, um ihre Ruhe zu haben. Und dann weist Jesus ihre Bitte einfach ab! Spätestens an diesem Punkt hätte sie mutlos werden und resignieren können: Ich habe ja alles versucht! Aber noch immer gibt sie nicht auf: noch ein Versuch, Jesus umzustimmen. »Du hast ja Recht, Herr, aber selbst die Hunde bekommen von den Brotresten, die vom Tisch ihrer Herren fallen.« Und Jesus ändert seine Meinung: »Was du willst, soll geschehen.« Und von dieser Stunde an war ihre Tochter geheilt.

Deutungen

Diese beiden Erzählungen sind in mehrfacher Hinsicht »Mutgeschichten« – wie übrigens viele Geschichten in der Bibel. Sie erzählen von dem Mut der beiden Mütter, ihre Kinder nicht aufzugeben, für das Leben zu kämpfen und auch von ihrem Glauben. Dabei geht es nicht um den Glauben an irgendeinen Wunderheiler, sondern es geht um den Glauben an den Herrn des Lebens, an den Gott des Lebens.

Und es geht in beiden Geschichten darum, dass Gottes Güte und Barmherzigkeit, keine Grenzen kennt. Gottes Wirken greift über alle menschlichen Grenzen hinaus. Gott ist da, wo Menschen an ihn glauben, wo Menschen glaubend zu Gott rufen. Die Witwe von Sarepta handelt aus dem Glauben heraus und. Nur deshalb kann sie tun, was Elija ihr sagt. Hätte sie die Situation ohne den Glauben an den Gott betrachtet, für den nichts unmöglich ist, dann hätte sie nichts hergegeben, sondern den letzten Rest für sich und ihren Sohn aufbewahrt.

Auch die so genannte heidnische Frau ist von ihrem tiefen Glauben getrieben und von der Überzeugung, dass von Jesus Hilfe kommt – ungeachtet der Grenzen, die Menschen ziehen. Sie glaubt an das Unmöglich, an die Größe Gottes, die alles Menschliche übersteigt.

In diesem Sinne sind diese beiden Perikopen Mutgeschichten, die sagen: Gott ist immer größer als unsere Vorstellung und unser Herz. Für Gott ist nichts unmöglich! Gott ist auch größer als die Kirche, an deren Grenzen wir uns vielleicht oft stoßen.

Impulse für die Weiterarbeit und das Gespräch in Gruppen

1. Die Geschichte der heidnischen Frau wird bei Matthäus (15,21–28) und bei Markus (7,24–30) erzählt. Lesen Sie beide Fassungen und formulieren Sie eine neue Erzählung aus der Sicht der Frau. Folgende Fragen können dabei helfen:
   - Wie ist sie auf die Idee gekommen, Jesus um Heilung zu bitten?
   - Wie ist es ihr in der Diskussion mit Jesus ergangen?
   - Was erzählt sie wohl zu Hause ihrer Familie, ihren Nachbarinnen?

2. Gruppengespräch zum Thema: Mit Gott streiten
   Impulsfragen:
   - Gibt es Situationen in meinem Leben, an die mich dieser Text erinnert?
   - Für welche Anliegen mache ich mich stark?
   - Wie stehe ich Gott im Gebet und im Leben gegenüber?
   - »Diskutiere« ich mit Gott? Führe ich ein lebendiges Gespräch?
   - Trete ich entschlossen für meine Anliegen ein?
   - Kenne ich die Erfahrung, hartnäckig zu sein und zugleich voller Vertrauen und Glauben?
   - Gibt es Situationen, in denen ich mir die Hartnäckigkeit der kanaanäischen Frau wünsche?

3. Erfahrungen der Hoffnungslosigkeit
   Es werden Erfahrungen zusammengetragen, die hoffnungslos erscheinen oder erschienen. Sie werden dann »im Licht des Glaubens« betrachtet. D. h. wir beschäftigen uns mit ihnen unter folgenden Gesichtpunkten:
   - Was würde Jesus zu dieser Situation sagen? Was würde er tun?
   - Welches Bild von Gott habe ich in einer solchen Situation? Habe ich Vertrauen und bitte um seine Hilfe oder bin ich enttäuscht oder gar wütend?
   - In welchen Situationen werde ich mutlos? Wann kämpfe ich?

Kontexte

Brüder Grimm: Sterntaler

Es war einmal ein kleines Mädchen, dem war Vater und Mutter gestorben, und es war so arm, daß es kein Kämmerchen mehr hatte, darin zu wohnen, und kein Bettchen mehr hatte, darin zu schlafen, und endlich gar nichts mehr als die Kleider auf dem Leib und ein Stückchen Brot in der Hand, das ihm ein mitleidiges Herz geschenkt hatte. Es war aber gut und fromm. Und weil es so von aller Welt verlassen war, ging es im Vertrauen auf den lieben Gott hinaus ins Feld.

Da begegnete ihm ein armer Mann, der sprach: »Ach, gib mir etwas zu essen, ich bin so hungrig.«

Es reichte ihm das ganze Stückchen Brot und sagte: »Gott segne dir's«, und ging weiter. Da kam ein Kind, das jammerte und sprach: »Es friert mich so an meinem Kopfe, schenk mir etwas, womit ich ihn bedecken kann.«

Da tat es seine Mütze ab und gab sie ihm. Und als es noch eine Weile gegangen war, kam wieder ein Kind und hatte kein Leibchen an und fror: Da gab es ihm seins; und noch weiter, da bat eins um ein Röcklein, das gab es auch von sich hin.

Endlich gelangte es in einen Wald, und es war schon dunkel geworden, da kam noch eins und bat um ein Hemdlein, und das fromme Mädchen dachte: »Es ist dunkle Nacht, da sieht dich niemand, du kannst wohl dein Hemd weggeben«, und zog das Hemd ab und gab es auch noch hin.

Und wie es so stand und gar nichts mehr hatte, fielen auf einmal die Sterne vom Himmel, und waren lauter blanke Taler; und ob es gleich sein Hemdlein weggegeben, so hatte es ein neues an, und das war vom allerfeinsten Linnen. Da sammelte es sich die Taler hinein und war reich für sein Lebtag.

Dieses Märchen kann gut visualisiert werden: Der Weg des Mädchens aus dem Haus, die einzelnen Dinge, die es hergibt, der Wald können durch Tücher und Legematerial sichtbar gemacht werden.

Die Dinge, die das Mädchen hergibt, werden dabei zum Symbol und sind Anregungen für das Gespräch:

- Wie stehe ich zu dem, was ich habe?
- Wie wichtig ist mir mein Besitz?
- Wie gehe ich damit um? Hängt mein Herz daran?
- Wem gebe ich »mein letztes Hemd«?

4. In der Fremde leben

Das Fremde
Bin ich ein Fremder, weil mein Haar schwarz und gekraust ist, oder seid ihr Fremde, weil eure Hände kalt und hart sind? Wer ist fremder, ihr oder ich? Der hasst, ist fremder, als der gehasst wird, und die Fremdesten sind, die sich am meisten zu Hause fühlen.
Ilse Aichinger

In Europa und ganz besonders in Deutschland hat in den letzen 20 Jahren der Anteil der Menschen zugenommen, die nicht in unserem Land geboren sind. Viele sind aus den osteuropäischen Ländern nach Deutschland gekommen. Sie lebten in ihrer Heimat als Fremde, weil sie Deutsche waren. Viele sind nach Deutschland gekommen, weil die Bedingungen in ihrer Heimat ihnen kein menschenwürdiges Leben ermöglichten und sie sich erhofften, in Deutschland eine bessere Zukunft für sich und ihre Familie zu finden. Viele Frauen sind zu uns gekommen, weil sie in ihrem Land ausgebeutet, ihrer Frauenrechte beschnitten und verfolgt wurden, wenn sie sich nicht an die für Frauen vorgesehenen Normen und Lebensentwürfe hielten.

In den letzten Jahren ist viel über Zuwanderung und Asylanträge diskutiert worden, über Heimatrecht und Abschiebung, über Entschädigungen für längst Vergangenes. Wird Europa dabei zu einer Festung, die nicht mehr durchlässig ist für Migranten? Die Politik zu beeinflussen ist sicher schwierig. Aber es steht in der Macht eines jeden Menschen, den Fremden eine neue Heimat zu bieten. Wir können sie mit offenen Armen empfangen oder sie außen vor lassen. Wir können uns für ihr Leben und ihr Schicksal interessieren oder sie links liegen lassen.

Wie lebt die Familie aus Weißrußland nebenan? Warum trägt die türkische Frau ein Kopftuch? Wieso gibt es kaum ausländische Kinder auf weiterführenden Schulen? Fragen, die wir am liebsten erst gar nicht stellen, denn die Antworten würden Konsequenzen von uns verlangen. Oft bekämpfen wir Fremdes sogar oder grenzen uns zumindest davon ab – fremde Menschen, fremde Lebenseinstellungen, fremde Lebensentwürfe, fremdes Aussehen, fremdes Essen, fremde Gerüche ... Warum?

»Die« anderen, »die« Fremden, »das« Fremde erscheinen uns manchmal auf den ersten Blick erschreckend, furchterregend und ängstigend, abstoßend und unseren Raum einnehmend. Wir haben dafür keine Namen, kein Gesicht, keine selbst erlebte Erfahrung. »Fremdheit kann das spezielle Angstgefühl des Unheimlichen auslösen«, sagt Sigmund Freud schon 1895. Das Unheimliche und die Angst zu überwinden ist demnach möglich, wenn man sich das Fremde vertraut macht. Wenn wir bereit sind hinzuschauen und uns dem Fremden anzunähern, können wir entdecken, dass die Anderen und das Fremde neben dem Beängstigenden auch faszinierend sind. Gerade im Fremden und Anderen können wir Neues für unser eigenes Leben entdecken. Die Beschäftigung mit Neuem macht uns selber neu.

Solche »Entdeckungsreisen in unbehaustes Land« machte das Volk Israel im buchstäblich Sinne, denn es hat den größten Teil seiner Geschichte in der Fremde verbracht. So gibt es in der Bibel zahlreiche Zeugnisse des Volkes, von einzelnen Familien und von Frauen, die in die Fremde gehen und Erfahrungen mit dem Fremden machen. Das Buch Rut ist beispielsweise eine Geschichte um Heimat und Fremde, um Aufbruch und Ankommen. Diese Lebensgeschichte und -erfahrung kann zeigen, wie ein biblischer und christlicher Umgang mit Fremdheit aussehen kann. In der Auseinandersetzung mit den/dem Fremden eröffnet sich eine neue Welt, weitet sich die Sicht – nicht nur um uns herum, sondern besonders in uns. Wir sehen andere und entdecken dabei vielleicht uns selbst.

Bibelstelle: Aus dem Buch Rut (Rut 1,6–10)

Da brach sie mit ihren Schwiegertöchtern auf, um aus dem Grünland Moabs heimzukehren; denn sie hatte dort gehört, der Herr habe sich seines Volkes angenommen und ihm Brot gegeben. Sie verließ zusammen mit ihren beiden Schwiegertöchtern den Ort, wo sie sich aufgehalten hatte. Als sie nun auf dem Heimweg in das Land Juda waren, sagte Noomi zu ihren Schwiegertöchtern: Kehrt doch beide heim zu euren Müttern! Der Herr erweise euch Liebe, wie ihr sie den Toten und mir erwiesen habt. Der Herr lasse jede von euch Geborgenheit finden bei einem Gatten. Damit küsste sie beide zum Abschied; doch Orpa und Rut begannen laut zu weinen und sagten zu ihr: Nein, wir wollen mit dir zu deinem Volk gehen.

Zum besseren Verständnis der Bibelstelle

Das Buch Rut ist eine kleine, novellenartige Erzählung und gehört in der hebräischen Bibel zu den kleinen Büchern, die an bestimmten Festen in der Synagoge gelesen werden. In der christlichen Bibel gehört es zu den Geschichtsbüchern und schließt an das Buch der Richter an.

Es beginnt mit der Schilderung einer Krise, nämlich der Hungersnot in Juda. Der Mann Elimelech zieht mit seiner Frau Noomi und seinen Söhnen in das Grünland Moabs, um sich dort niederzulassen. Doch dem Bemühen, den Lebensunterhalt zu sichern und einigermaßen sorgenfrei leben zu können, ist kein Erfolg beschieden: Noomis Mann stirbt, ihre beide Söhne heiraten Moabiterinnen, aber ihre Ehen bleiben kinderlos. Nach zehn Jahren sterben auch die beiden Söhne und Noomi bleibt mit ihren Schwiegertöchtern alleine in der Fremde zurück. Da sich die Situation in ihrer Heimat gebessert haben soll, zieht sie schließlich mit ihren Schwiegertöchtern nach Juda zurück. Sie entlässt ihre Schwiegertöchter zu ihren Familien nach Hause, um ihnen die Möglichkeit zu geben, im eigenen Land und nicht in der Fremde zu wohnen.

Orpa geht zu ihrer Herkunftsfamilie zurück, Rut jedoch besteht darauf, ihrer Schwiegermutter zu folgen. So geht sie selbst in die Fremde. Auch in der Heimat Noomis ist das Leben für die beiden Frauen ohne Mann oder Sohn schwierig, aber beide Frauen stützen und ergänzen einander, wo es nur möglich ist. Rut kümmert sich um den Lebensunterhalt, während Noomi sich sorgt, dass sie durch das Löserecht wieder zu Grundbesitz und damit zu einer Existenzgrundlage kommen. Die israelitische Rechtsgrundlage der Lösung bedeutete, dass ein Mann verpflichtet war, einen in Not geratenen Verwandten zu lösen, d. h. ein Grundstück oder einen Besitz zurückzuerwerben, der in der Not veräußert worden war. Als Boas die Aufgabe des Lösers übernimmt, ist es Rut, die sich den fremden Gebräuchen anpasst und damit wieder eine Lebensgrundlage für Noomi und sich schafft.

Deutung

Das Buch Rut ist hochaktuell, wenn man die Situation flüchtender Menschen in der ganzen Welt anschaut. Beispiele finden sich täglich in den Nachrichten und in menschlichen Schicksalen in nächster Nähe.

Elimech und Noomi fliehen aus wirtschaftlicher Not. In Juda herrscht eine Hungersnot; im Nachbarland Moab ist die wirtschaftliche Situation wesentlich besser, womit sich die Familie Existenz und Überleben erhofft. Flucht bedeutet neben der Hoffnung auf eine bessere Situation immer auch schmerzliches Loslassen, Hinterlassen, Trauer und Angst. »Was wird aus uns werden?«, fragen auch Noomi und ihre Schwiegertöchter und jede ist mit dieser Frage allein, jede muss letztlich für sich selbst die beste Entscheidung treffen. »Doch dann gab Orpa ihrer Schwiegermutter den Abschiedskuss, während Rut nicht von ihr ließ.« Im gerade erst neuen Heimatland der Familie gibt es nach dem Tod des Mannes und der Söhne nichts mehr, was Noomie und Rut wirklich dort hält; nichts, was das Wort Heimat mit Gefühl füllen könnte. »Dränge mich nicht, dich zu verlassen und umzukehren. Wohin du gehst, dahin gehe auch ich, und wo du bleibst, da bleibe auch ich.« Die Erfahrungen der beiden Frauen waren bitter, wie Noomi selbst aussagt. Einzig das Gefühl der Zusammengehörigkeit und das Vertrauen in Gott scheint die Frauen für den schweren Weg in das Neue zu stärken. Für Rut ist allein Noomi, ihre Schwiegermutter, das, was ihr Heimat bedeutet und Mut macht. Für beide Frauen ist es Gott, der Heimat und Schutz verheißt.

Als die beiden in Betlehem ankommen, gerät die ganze Stadt ihretwegen in Bewegung. Auch bei uns sorgen Fremde für Unruhe: Sie lösen Angst aus und Abwehr, manchmal aber auch Faszination.

Kommt man ihnen näher, erkennt man vielleicht Vertrautes: »Die Frauen sagten: Ist das nicht Noomi? Doch sie erwiderte: Nennt mich nicht mehr Noomi (Liebliche), sondern Mara (Bittere); denn viel Bitteres hat der Allmächtige mir getan.« Viel Bitteres bringen auch Menschen mit, die in unserem Land um Zuflucht bitten: Geschichten und Erfahrungen von Vertreibung, Verfolgung, Flucht, Folter und Armut. Die Erlebnisse im verlassenen Land prägen diese Menschen und traumatisieren sie nicht selten. Das Alte ist auch im Neuanfang immer präsent.

Heute wie damals können es nur Menschen sein, die das neue Land zur Heimat werden lassen. Menschen, die zuhören, trösten, Glauben schenken und in der ersten Not helfen. Die Knechte und Mägde, aber auch der Grundbesitzer des Feldes, auf dem Rut Arbeit findet, werden für sie und ihre Schwiegermutter Lebensquelle, Schutz und Orientierungspunkt in der fremden Welt. Sie lassen die beiden nicht allein, sie sorgen sich um sie.

Rut und Noomi sind dankbar für die Kontakte. Sie legen ihre Geschichte und die Menschen, die ihnen beistehen, in Gottes Hand: »Rut sagte: Der Mann, bei dem ich heute gearbeitet habe, heißt Boas. Da sagte Noomi zu ihrer Schwiegertochter: Gesegnet sei er vom Herrn, der seine Gunst den Lebenden und Toten nicht entzogen hat.« Die beiden Frauen vertrauen und glauben fest: Der Herr meint es gut mit ihnen durch Menschen, die es gut mit ihnen meinen.

Der tiefe Glaube daran, dass Gott an jeder Etappe menschlichen Lebens mitschreibt und da ist, trägt die beiden Frauen im Unbekannten der Fremde. Das Gewesene wird nicht geleugnet, sondern das Erbe der Verstorbenen, das Erbe der ehemaligen Heimat ist Grundlage für das Neue, das beginnt. Das Neue liegt, wie bereits das Alte, in Gottes Hand und ist gesegnet. »… um den Namen des Verstorbenen auf seinem Erbe wiedererstehen zu lassen, damit sein Name unter seinen Verwandten und innerhalb der Mauern seiner Stadt nicht erlischt.« So erfüllt sich die Lebensgeschichte der beiden Frauen. Rut wird von Boas zur Frau genommen und gebiert einen Sohn, um den sich Noomi liebevoll kümmert und der zum Großvater des Königs David wird.

Die Lebensgeschichte der beiden Frauen Rut und Noomi ist eine Beispielgeschichte für den menschlichen und zukunftsweisenden Umgang mit Fremdem und Fremden. Sie erzählt zum einen von einem tiefen Vertrauen: Mein und unser aller Leben liegt in Gottes Hand! – Vergangenheit und Zukunft gelangen durch Gottes Hilfe zur Erfüllung. Auch wenn in Tod und Abschied manchmal schon das Ende anklingt, gibt es noch Hoffnung im Neuen, im Fremden, wenn wir uns darauf einlassen können.

Das Buch Rut ist aber auch eine Geschichte der Toleranz, wie Drewermann formuliert. Ohne die Offenheit der Bewohner Israels gegenüber den fremden Menschen Rut und Noomi ist die Zukunft des Volkes nicht denkbar: »So endet die Sage der Ruth ... die doch nur sagen will, dass es nicht sein kann, zu »richten« zwischen »Moab« und »Israel«. Die Auferbauung des Hauses Israel selbst käme niemals zustande ohne die Toleranz der Bewohner Bethlehems gegenüber der Moabitin Ruth; ja, selbst David, der größte König, den Israel kannte, ... war selbst der Urenkel jener Frau aus den Steppen Moabs; ... .« (Drewermann, Die Botschaft, S. 64).

Wir Menschen werden uns selbst unsere Zukunft in der Welt zerstören, wenn wir nicht offen werden und bleiben für Fremdes. Darüber hinaus ist das Buch Rut sicher eine der schönsten Geschichten über Frauenfreundschaft und Frauensolidarität in der Bibel.

Impulse für die Weiterarbeit und das Gespräch in Gruppen

1. Bildbetrachtung: Fremdem begegnen – Fremdes in mir entdecken
   Aus einer Bildkartei (z.B. aus der Bibliothek) werden Bilder von Menschen ausgelegt: von Menschen aus anderen Ländern, von Menschen in fremden Lebenssituationen, von Menschen mit Behinderungen etc. Jede Teilnehmerin nimmt sich ein Bild, das sie besonders »befremdet« und teilt den anderen mit, was sie daran anspricht, beschäftigt, abstößt. Das anschließende Gespräch kann folgende Fragen thematisieren:

- Was macht mir den Umgang mit Fremdem schwer?
- Wie kann ich Hemmschwellen überwinden?
- Wie wirke ich auf die Fremden? Kann ich mich in sie hinein versetzen?
- Welche ersten Schritte kann ich mir vorstellen?

2. Kurzfilm: Umgang mit Fremdem/Fremden in unserem Alltag
Als guter Einstieg in ein Gespräch mit einer Gruppe zum Thema »Umgang mit Fremdem/fremden Menschen« bietet sich der Kurzfilm *»Schwarzfahrer«* von Pepe Danquart an. Er karikiert die Situation von Menschen, die in einer Großstadt leben – Deutsche gemeinsam mit ausländischen Mitbewohnern. Dabei werden gängige Vorurteile thematisiert, unterschiedliches Verhalten in kritischen Situationen gezeichnet. Der Film ist sehr humorvoll und hat ein überraschendes Ende, das zu einem anschließenden Gespräch einlädt.

3. Körperwahrnehmung: Fremdes in mir – Gefühle wahrnehmen lernen
Mit einer mutigen Gruppe lässt sich als Einstieg in ein Gespräch oder im Anschluss an eine biblische Geschichte folgende Übung zur Körper- und Gefühlswahrnehmung durchführen: Die Teilnehmerinnen und Teilnehmer (Kinder haben es sicher noch einfacher als erwachsene Menschen) werden eingeladen, mit verdünnter Fingerfarbe ihre Hände und Füße zu bemalen und nachzuspüren, welche Empfindungen dies in ihnen wachruft. Uns ist diese Art des Umgangs mit unserem Körper fremd. Für andere Kulturen (Afrika, Indien) ist es eine Selbstverständlichkeit. Körperbemalung stärkt die Wahrnehmung eigener Gefühle: Über die Haut lässt sich spüren, was die Seele gerade fühlt. Im Anschluss an die Übung kann ein Auswertungsgespräch und ein intensiver Austausch zum Thema »Was mir fremd ist« und »Umgang mit Fremdem und Fremden« stattfinden.

Kontexte

Leben in zwei Welten – Erfahrungsbericht einer Frau

1986 verließ ich die Tschechoslowakische Republik. Es war – noch vor der »samtenen Revolution« – eine abenteuerliche Flucht über das damalige Jugoslawien, Österreich bis nach Deutschland. Es war eine Flucht und ich werde oft gefragt, warum ich geflohen bin. Mit dem Wort Flucht ist unweigerlich ein anderes Wort verbunden: die Sehnsucht. Niemand flieht, wenn er keine Sehnsucht und keine Hoffnung in sich trägt. Ich bin meiner Heimat entflohen und damit meiner eigenen Heimatlosigkeit. Da gab es eine Sehnsucht, die mich trieb. Eine Sehnsucht nach Leben, eine Sehnsucht nach Neuanfang, ein kindliches Vertrauen und eine Trauer. Ich wollte aus meiner eigenen Geschichte heraus in ein neues Kapitel. Es war eine unbestimmte Sehnsucht nach Weite und Freiheit. Antworte ich auf die Frage nach dem Grund meiner Flucht, so antworte ich oft spontan: »Ich wollte reisen!« Heute weiß ich, dass ich nicht nur die vielen Länder dieser Welt sehen wollte, sondern ich wollte in Wirklichkeit mich entdecken in dieser neuen Welt.

Das Leben in der Tschechoslowakei war – wie in allen kommunistisch regierten Ländern – von der Kunst des Durchhaltens und Durchkommens geprägt – möglichst erfolgreich für einen selbst und möglichst unauffällig für andere. Werte und Tugenden wie Ehrlichkeit, Individualismus, Kreativität, Fleiß und Erfolg waren nicht erwünscht und gefragt. Das Leben war ein ständiges »Hab Acht!«: Wem kann ich trauen, wo lassen sich Kontakte (ein geflügeltes Wort) knüpfen und nutzen, wer kann einem dienlich sein für etwas? Eine Gesellschaft des Handels – »gibst du mir – geb ich dir!« –, die im besten Fall in einer ernstgemeinten Hilfsbereitschaft endete.

Ich wollte eine neue Welt, allerdings ohne die geringste Ahnung, wie diese konkret aussehen könnte – der »eiserne Vorhang« verdiente seinen Namen wirklich. Ich habe mein damaliges Heimatland verlassen und bin nur mit dem Nötigsten in ein neues Leben getreten. Das erhoffte »Paradies«, das »Grünland« jenseits der Grenze entpuppte sich erst einmal als karges und steiniges Land. Ich bekam

Arbeit auf einem Feld – ich, die vorher im ersten Hotel meiner Heimatstadt Zlin, einem großen sozialistischen Vorzeigehaus für Gäste aus ganz Europa, gearbeitet hatte und dort Ansehen und Geld hatte.

Eine Fremde in einem fremden Land. Ich erlebte Feindschaft und Misstrauen und musste mich zufrieden geben mit Wenigem – ein Abendessen für einen ganzen Tag Arbeit – und den Traum an die Zukunft nicht aus den Augen verlieren. Und doch kamen die Zweifel und sie kommen an manchen Tagen heute noch: Wäre ich nicht besser geblieben in meinem bequemen »Gefängnis«? Aber ich hatte lange keine Wahl: In meinem ehemaligen Heimatland war ich zu zehn Jahren Haft verurteilt worden. Die Briefe an und von meinem Bruder durften nur selten und unverfänglich sein.

Neben Schwerem ist mir aber auch viel Gutes widerfahren in der Zeit des Neuanfangs. Ich denke an Menschen und Freunde, die mir Möglichkeiten eröffneten, indem sie mir kleine Tätigkeiten anboten, an Menschen, die mich aufgenommen haben, die mich teilnehmen ließen an ihrem Leben, die mir die völlig neue Sprache erschlossen, die mich ernstnahmen, die mich mit ihnen feiern ließen. Auch kommen mir Dinge und kleine Freuden des Anfangs in den Sinn: Die Gitarre, die ich von meinem erstverdienten Geld kaufte und die mich durch die traurigen Stunden des Alleinseins trug. Der kleine Plastikweihnachtsbaum, der mir das erste Weihnachtsfest im neuen Land erträglich machte. Das Fahrrad, mit dem ich mir die neue Welt am Rhein zur Heimat machte.

18 Jahre sind seitdem vergangen. Das neue Land hat viele neue Erfahrungen gebracht. Ich bin nicht mehr die, die ich damals war. Aber, bin ich wirklich schon angekommen in dem Land voller Leben, das ich mir erträumte? Habe ich *mein* neues Land, habe ich mich gefunden? Habe ich mein Gefängnis verlassen? Sehe ich neu, traue ich – mir, anderen, meinem Leben? Das Gefängnis, die Mauern und Erfahrungen meines Lebens hatte ich natürlich mitgenommen in meine neue Welt – langsam fange ich an sie einzureißen und mich dem neuen Leben zu öffnen, der Welt der Chancen. Damit meine ich das Land, in dem ich vor 18 Jahren angekommen bin. Ich meine aber auch das Neuland in mir. Nach und nach

beziehe ich es. Ich schaue oft zurück in das Land meiner Wurzeln – wehmütig, lächelnd, befremdet, wissend. Es ist das Land, in dem ich zu der geworden bin, die ich bin, das Land meiner Eltern und Vorfahren, das Land meines Bruders und seiner Familie, das Land meiner Freundinnen. Und manchmal muss ich hin. Da hält mich nichts mehr, da erwacht wieder die Sehnsucht, die Sehnsucht nach Zuhause. Dann entdecke ich Wesenszüge in mir, die mich in Deutschland nach wie vor »anders« sein lassen. Dann wollen Saiten in mir klingen, für die es in meinem neuen Zuhause keinen Platz gibt. Dann möchte ich mehr Leben, mehr einfach Dasein, mehr Genießen und die heiter-melancholische Unbeschwertheit meines Volkes spüren, dann möchte ich die Ansprüche und hohen Werte wieder loswerden zugunsten der puren Lebensfreude. In den Momenten beginnt die Suche von vorn – die Suche nach Heimat. Manchmal entdecke ich sie, manchmal schon nicht mehr, was sicher auch an den vielen Veränderungen liegt – meiner persönlichen wie der meines Landes in den letzten 15 Jahren. Ein Leben zwischen zwei Welten. Ich gehöre in beide. Das ist schwierig und schön.

Flucht

Flucht aus der eigenen Heimatlosigkeit.
Flucht aus der eigenen Geschichte.
Flucht aus der Beziehungslosigkeit.
Flucht aus dem Elend.
Das Geschehene abstreifen.
Mich häuten.

Sehnsucht.
Sehnsucht, die treibt.
Sehnsucht nach Leben.
Sehnsucht nach Neuanfang.
Sehnsucht nach Weite.
Sehnsucht nach Durchatmen.
Sehnsucht nach Ruhe in meinem unruhigen Herzen.

Ankommen.
Ankommen dürfen in mir.
Die Mauern meines eigenen Gefängnisses aufbrechen.
Lebensspendendes Grünland finden und einen Menschen.
Wache Augen und ängstliches Herz.
Bin ich richtig?
Ist das der Weg, der Leben bringt?

Fremde
in einem fremden Land.
Fremd in mir selbst.
Unbehaustes Land.
So weit entfernt
vom Traum
– von mir selbst.
Den Traum
nicht verlieren
dürfen.
Den Traum
sehen
können.
Herzklopfen.
Den Traum
denken und
machen.

Anfangen.
Beginnen.
Umschauen.
Neu
- gierig
sein.

Ja!
– sage
es zu dir und mir
und vertraue.

5. Schmerz quält das Herz

Nicht alle Schmerzen sind heilbar,
denn manche schleichen sich tiefer
und tiefer ins Herz hinein.
Und während Tage und Jahre verstreichen,
werden sie Stein.
Ricarda Huch

Missbrauch, sexuelle Ausbeutung, Vergewaltigung und Zwangsprostitution sind wichtige und unbequeme, letztlich auch unfassbare Frauenthemen unserer zivilisierten Welt. In der Öffentlichkeit und den Medien sind diese Themen präsenter als sie zu irgendeiner Zeit vorher gewesen sind. Gleichzeitig sehen wir dort immer nur die Spitze des Eisbergs. Es sind die spektakulären Fälle, für die sich die Medien interessieren, die, aus denen sich reißerische Geschichten machen lassen. Aber wie viel Not ist im Verborgenen? Sexueller Missbrauch geschieht nach wie vor am häufigsten innerhalb der Familie. Zwang, Schamgefühl oder Angst lassen die Betroffenen schweigen. Vergewaltigungen spielen sich allzu häufig in der Ehe ab. Das zu bekennen, ist schwer. Es mischen sich Schmerz und Erniedrigung mit Skrupeln, den vertrauten Menschen anzuklagen. Das Problem der Zwangsprostitution wird in Europa noch immer tabuisiert, obwohl es für jeden sichtbar ist, der Grenzen, v. a. in osteuropäische Länder überquert. Sextourismus gibt es nicht nur auf anderen Kontinenten. Er macht sich an den eigenen Landesgrenzen breit und bestimmt das grauenvolle Schicksal einer viel zu großen Zahl von Frauen und Kindern. Seit dem Fall des »eisernen Vorhangs«, so schätzen Experten, wurden etwa zehn Prozent der Gesamtbevölkerung Moldawiens als junge Frauen nach Deutschland geschleppt. Solche Zahlen machen die dramatische Situation in unserer Gesellschaft deutlich.

Doch was sind Zahlen? Das persönliche Leid hinter einem Missbrauchs-, Vergewaltigungs- oder Verschleppungsschicksal ist nicht messbar und unvorstellbar. Die biblische Geschichte von Tamar im Alten Testament zeigt in sehr eindringlicher Art, was in einer Frau vorgehen kann, die ein solches Schicksal erleiden muss. Die Geschichte von Tamar ist erschreckend aktuell. Sie wirft die Frage auf: Wo in alledem ist Gott?

Bibelstelle: Amnon und Tamar (2 Sam 13,11–21)

Als sie ihm aber die Kuchen zum Essen reichte, griff er nach ihr und sagte zu ihr: Komm leg dich zu mir, Schwester! Sie antwortete ihm: Nein, mein Bruder, entehre mich nicht! So etwas tut man in Israel nicht. Begeh keine solche Schandtat! Wohin sollte ich denn in meiner Schande gehen? Du würdest als einer der niederträchtigsten Menschen in Israel dastehen. Rede doch mit dem König, er wird mich dir nicht verweigern. Doch Amnon wollte nicht auf sie hören, sondern packte sie und zwang sie, mit ihm zu schlafen. Hinterher aber empfand Amnon eine sehr große Abneigung gegen sie; ja, der Hass, mit dem er sie nun hasste, war größer als die Liebe, mit der er sie geliebt hatte. Amnon sagte zu ihr: Steh auf, geh weg! Sie erwiderte ihm: Nicht doch! Wenn du mich wegschickst, wäre das ein noch größeres Unrecht als das, das du mir schon angetan hast. Er aber wollte nicht auf sie hören, sondern rief den jungen Mann, der in seinen Diensten stand, und sagte: Bringt dieses Mädchen da von mir weg auf die Straße hinaus, und schließt die Tür hinter ihr ab! Sein Diener brachte sie hinaus und schloss die Tür hinter ihr zu. Sie hatte ein Ärmelkleid an; denn solche Obergewänder trugen die Königstöchter, solange sie Jungfrauen waren. Tamar aber streute sich Asche auf das Haupt und zerriss das Ärmelkleid, das sie anhatte, sie legte ihre Hand auf den Kopf und ging schreiend weg. Ihr Bruder Abschalom fragte sie: War dein Bruder Amnon mit dir zusammen? Sprich nicht darüber, meine Schwester, er ist ja dein Bruder. Nimm dir die Sache nicht so zu Herzen! Von da an lebte Tamar einsam im Haus ihres Bruders Abschalom. Doch der König David erfuhr von der ganzen Sache und wurde darüber sehr zornig.

Zum besseren Verständnis der Bibelstelle

Die Geschichte im zweiten Buch Samuel des Alten Testaments handelt von drei Geschwistern, Kindern des Königs David. Wir können heute davon ausgehen, dass sie Halbgeschwister gewesen sind, war es doch damals alltäglich, dass ein Mann mehrere Frauen und mit ebendiesen auch mehrere Kinder hatte. So wird es auch bei König David selbst der Fall gewesen sein und so ist auch das Angebot Tamars, Amnon möge sie zur Frau nehmen, nicht ungewöhnlich: Eine Ehe zwischen Halbgeschwistern war noch einige Zeit nach König David möglich. Ebenfalls können wir davon ausgehen, dass die Kinder sich wohl eher oberflächlich kannten, denn Jungen und Mädchen lebten damals getrennt.

Amnon ist Davids ältester Sohn und hat daher Anrecht auf den Königsthron. Das ist für das Verständnis der Geschichte nicht unerheblich. Denn die Geschichte steht im Gesamtkontext um die Königsnachfolge Davids, und so wurde sie in Verkündigung und exegetischer Wissenschaft auch immer bewertet. Tamar wird im doppelten Sinne »benutzt«: Ihr Bruder benutzt sie, um seine sexuellen Bedürfnisse zu befriedigen. Und ihr Schicksal wird benutzt, um die Königsnachfolge einzufädeln. Denn aus Rache für die Schwesternschändung tötet Abschalom seinen Bruder Amnon, um selbst zum »heimlichen« König des Volkes zu werden. So ist es auch zu erklären, dass Abschalom seiner Schwester ein Redeverbot über die Tat erteilt: »Sprich nicht darüber, meine Schwester, er ist ja dein Bruder. Nimm dir die Sache nicht so zu Herzen!« Abschalom möchte keine Schande über das Königshaus David in die Öffentlichkeit getragen haben, und während seine Schwester schweigt, kann er seine Mordpläne schmieden und sich den Weg zum Königsthron vorbereiten. Abschalom wartet lange zwei Jahre auf den Moment der Rache. Damit ist es *sein* Moment der Rache und sicher nicht Tamars, die nach dem grauenvollen Geschehen nun schon Jahre in Einsamkeit verbringt. Ist es neben dem puren Eigennutz aber vielleicht auch Mitleid, schlechtes Gewissen oder geschwisterliche Liebe, dass er sie nach der Tat in sein Haus aufnimmt? Dass er später seine schöne Tochter nach seiner Schwester benennt, ist ein kleiner Hoffnungsschimmer in einer insgesamt trostlosen Geschichte. »Drei Söhne wurden Abschalom geboren und eine Tochter namens Tamar; sie wurde eine Frau von großer Schönheit.«

Und was ist mit dem König, mit David selbst? Im Vers 21 ist zu lesen, dass er von der Tat erfährt und sehr zornig wird. Doch ob er in seinem Zorn auch irgendetwas getan hat, bleibt unerwähnt. Der niederländische Theologe Nico ter Linden schreibt in seiner Erzählversion der Geschichte Tamars: »Es wird nicht erzählt, dass David mit seinem Zorn auch etwas tat. Hat er sich Tamars Schicksal zu Herzen genommen? Hat er seine Arme um seine verwundete Tochter geschlungen oder konnte er das nicht? Gab er – nach bewährtem Rezept – Tamar die Schuld an der Vergewaltigung?« Darüber erfahren wir in der Geschichte tatsächlich nichts mehr, genauso wie über das weitere Leben von Tamar.

Deutung

Ist dies wirklich eine Geschichte, die bereits tausende von Jahren hinter uns liegt? Man mag es nicht glauben angesichts der dramatischen Aktualität. Könnte dieser Text nicht einem richterlichen Protokoll eines Missbrauchsprozesses des 21. Jahrhunderts entstammen? Die Parallelität mit heutigen Missbrauchsfällen ist erschreckend groß.

Bibel als frohe Botschaft? Bibel als Leben spendende Kraft? Wo ist Gott in der Geschichte der Tamar? Auf den ersten Blick jedenfalls ist er nicht so leicht zu entdecken. Steht doch im Vordergrund die Endgültigkeit, die die Tat des Bruders für Tamars Leben bedeutet. Mit einigen wenigen Lebensminuten ist das Leben der jungen Frau entschieden, besiegelt, beendet. Alle bis dahin gesponnenen Lebensträume, alle Hoffnungen und Freuden eines jungen Mädchens werden in dem einen Lebensaugenblick brutal vernichtet.

An diesem Punkt begegnet uns die zeitlose Wahrheit der Geschichte. Jeder sexuelle Missbrauch zerstört die menschliche Seele. Ihn zu verarbeiten ist sehr schwer. Immer wird er tiefe Wunden hinterlassen. In der Geschichte wird Tamars Jungfräulichkeit zerstört und damit all ihre Träume und Pläne für die Zukunft. Die Tat und die Verletzung waren offensichtlich. Als Zeichen zerreißt sie ihr Jungfrauengewand. Jeder kann es sehen. Die tiefe Verwundung, die Menschen nach einer solchen Tat in sich tragen, ist oft verborgen. Vielfach wird die Tat sogar verschwiegen und Frauen, Männer oder Kinder tragen den Schmerz mit sich herum, der sich tiefer und tiefer in die Seele eingräbt. Auch heute heißt es oft: »Sprich nicht darüber!« Und: »Nimm dir die Sache nicht so zu Herzen!« Aber Tamar spricht, und das ist gut. An diesem Punkt beginnt die Hoffnung aufzubrechen. Da ist Gott – in Angst und Not und in der tiefsten Einsamkeit, die man sich vorstellen kann! Gott lässt Tamar nicht allein, Gott ist da, in einer klugen, weisen, weitsichtigen Tamar, und gibt ihr den Mut zu sprechen. Tamar spricht! Klare Worte spricht sie! Deutlich spricht sie, wie niemand in einer solchen Situation deutlicher sprechen könnte! Im größten Moment des Schreckens spricht Tamar. Klar und ruhig steht sie ihrem Vergewaltiger gegenüber und zeigt ihm auf, was diese Tat für ihn und für sie bedeuten wird; dass *ihrer beider Leben* damit zu Ende ist, dass mit einer solchen Tat weder sie noch er eine lebenswerte Zukunft haben wird. »Nein, mein Bruder, entehre mich nicht. …Wohin sollte ich denn in meiner Schande gehen? Du würdest als einer der niederträchtigsten Menschen in Israel dastehen.« Deutlicher kann man einer solchen Schandtat gegenüber nicht Nein sagen. Doch Amnon hört nicht auf sie, und damit ist nicht nur ihr, sondern auch sein Schicksal besiegelt: Er kann weder in Israel bestehen noch vor sich selbst! Nach der Tat hasst er Tamar und wirft sie vor die Tür. Er ekelt sich vor seiner eigenen Tat, vor sich selbst. Und so wird auch er weder sich selbst noch anderen jemals wieder offen und ehrlich ins Gesicht schauen können. Er will die Tat so schnell wie möglich ungeschehen machen, doch dass dies auch über Jahre nicht gehen wird, zeigt der weitere Verlauf der Geschichte. Sein Bruder behält die Tat im Gedächtnis und rächt sie. Dass die Tat sich nicht verbergen lässt, dafür sorgt ebenfalls Tamar in einer Geste voller Mut und Stolz. Noch vor Amnons Tür zerreißt sie ihr Jungfrauengewand, streut sich Asche aufs Haupt und schreit! Man kann sich vorstellen, dass sie geschrieen hat so laut sie konnte. Dass sie den ganzen Schmerz, die ganze Demütigung, ihre ganze Enttäuschung und Wut herausgeschrien hat. Damit es alle Welt hört, was man ihr angetan hat. Sie schiebt sich selbst keine Schuld zu, sie weiß ganz genau, was Recht und was Unrecht ist und das sagt sie! Sie schämt sich nicht ihrer Situation. Dazu hat sie auch keinen Grund, hat sie Amnon doch vorher so klar gesagt, was die

Konsequenz seines Handelns sein wird. Welchen Grund hätte sie, sich zu schämen und ihren Bruder zu schützen? Es gibt keinen Grund, und sie tut es nicht! Tamar klagt den an, der sie geschunden hat. Damit wird die Geschichte zur Hoffnungsgeschichte für alle, die eine ähnliche Situation erleben mussten und erleben müssen. Eine Hoffnungsgeschichte, die Jahrtausende überdauert und nicht an Gültigkeit verliert. In der Geschichte geht es nicht um das Königserbe, es geht um die Botschaft, dass Gott die Schwachen stark macht, dass Gott sich hinter die Geschändeten und Armen, hinter die Wehrlosen stellt. Wo sollte sich Gott sonst finden? In Amnon, der sich selbst nicht mehr ansehen kann und zwei Jahre später einen jämmerlichen Tod findet? In Abschalom, der zwar seinen Plan zu Ende bringt, sich aber auf immer mit seinem Vater überwirft und schließlich doch nie König von Israel wird? In David, dem es offensichtlich nicht gelingt, seiner Tochter Recht zu verschaffen? Die Brüder Tamars scheitern an den Grenzen ihrer eigenen Machtgelüste. In egoistischer Machtausübung liegt keine Zukunft, keine Stärke, keine Weisheit und kein Mut. Und auch die Tage Davids sind gezählt. Und Tamar? Sie lebt einsam im Hause ihres Bruders und scheint vergessen. Doch es gibt später wieder eine Tamar, die vielleicht die Geschichte ihrer Tante nicht vergisst und ihre Stärke weitergibt an die Frauen, die nach ihr kommen.

Impulse für die Weiterarbeit und das Gespräch in Gruppen

1. Gedichtinterpretation: Nicht alle Schmerzen

   Vor der Auseinandersetzung mit der nicht so einfachen Bibelperikope bietet das Gedicht von Ricarda Huch eine gute Einstiegsmöglichkeit. In einem Gespräch kann sich eine Gruppe so der Thematik annähern.

Nicht alle Schmerzen

Nicht alle Schmerzen sind heilbar, denn manche schleichen
sich tiefer und tiefer ins Herz hinein,
und während Tage und Jahre verstreichen,
werden sie Stein.

Du sprichst und lachst, wie wenn nichts wäre,
sie scheinen zerronnen wie Schaum.
Doch du spürst ihre lastende Schwere
bis in den Traum.

Der Frühling kommt wieder mit Wärme und Helle,
die Welt wird ein Blütenmeer.
Aber in meinem Herzen ist eine Stelle,
da blüht nichts mehr.

Ricarda Huch

Ricarda Huch (1864–1947) veröffentlichte das Gedicht in ihrer Sammlung »Herbstfeuer« im Jahr 1944 mit bereits 80 Jahren. Wann sie das Gedicht geschrieben hat, ist ungeklärt. Eine Freundin datierte das Gedicht auf die späten 20er Jahre.

2. Gesprächsimpulse:
   - »Die Zeit heilt alle Wunden«? – Wirklich? Was denke ich über diesen Satz? Welche Wunden kann die Zeit heilen, welche nicht?
   - Wie gehe ich mit (seelischen) Verwundungen um? Wie verarbeite ich Schmerz und Trauer?
   - Nehme ich Verwundungen und Trauer bei anderen wahr? Nehme ich mich ihrer Bedürfnisse und Not an oder schiebe ich sie von mir weg?
   - Was hat mir in schweren Zeiten geholfen? Was ist mir schwer gefallen?
   - Wo finde ich Trost für meine Lebenstraurigkeiten?

6. Worauf es ankommt

Worauf sollen wir hören, sag uns, worauf?
So viele Geräusche –
welches ist wichtig?
So viele Beweise –
welcher ist richtig?
So viele Reden –
ein Wort ist wahr.
Wohin sollen wir gehen, sag uns wohin?
So viele Termine –
welcher ist wichtig?
So viele Parolen –
welche ist richtig?
So viele Straßen –
ein Weg ist wahr.
Wofür sollen wir leben, sag uns wofür?
So viele Gedanken –
welcher ist wichtig?
So viele Programme –
welches ist richtig?
So viele Fragen –
die Liebe zählt.
Lothar Zenetti

Maria und Marta – eine biblische Geschichte, die wie keine andere Frauen berührt und Meinungen polarisiert. In der Bibel gibt es viele Geschichten, die eine sehr viel stärkere Herausforderung an ein Frauenbild sind: Judit etwa, die kalt berechnend Holofernes tötet, oder die Geschichte der Tamar im Buch Genesis, die sich von ihrem Schwiegervater schwängern lässt, oder Eva, die Adam den Apfel der Sünde reicht. Keine von ihnen regt Frauen so an und auf wie Maria und Marta.

Vielleicht liegt es daran, dass sich alle Frauen, gleich in welcher Lebenssituation, in der Geschichte von Maria und Marta wiederfinden können. Denn diese Geschichte rührt an ganz grundsätzliche Fragen: Was ist mir wichtig im Leben? Wofür wende ich meine Zeit auf? Wie entscheide ich mich zwischen den vielen Anforderungen, die das Leben an mich stellt, und meinen Bedürfnissen? Wo setzte ich Prioritäten? Gelingendes und erfülltes Leben verlangt nach Entscheidungen. Wem alles gleich-gültig ist, der verliert sich zu schnell in der Beliebigkeit. Der verliert am Ende sich selbst. Wie entscheide ich mich zwischen all den Anforderungen, die das Leben an mich stellt? Wer in der Vielschichtigkeit des Lebens und der Schnelllebigkeit des Alltags die Tiefe nicht verlieren und das Ziel im Blick behalten will, der muss Entscheidungen treffen. Die Geschichte von Marta und Maria stellt dabei die wichtigste Frage ins Zentrum: Wie lebe ich meine Beziehung zu Gott? Wie viel Raum, wie viel Zeit gebe ich ihm in meinem Leben?

Bibelstelle: Maria und Marta (Lk 10,38–42)
Sie zogen zusammen weiter, und er kam in ein Dorf. Eine Frau namens Marta nahm in freundlich auf. Sie hatte eine Schwester, die Maria hieß. Maria setzte sich dem Herrn zu Füßen und hörte seinen Worten zu. Marta aber war ganz davon in Anspruch genommen, für ihn zu sorgen. Sie kam zu ihm und sagte: Herr, kümmert es dich nicht, dass meine Schwester die ganze Arbeit mir allein überlässt? Sag ihr doch, sie soll mir helfen! Der Herr antwortete: Marta, Marta, du machst dir viele Sorgen und Mühen. Aber nur eines ist notwendig. Maria hat das Bessere gewählt, das soll ihr nicht genommen werden.

Zum besseren Verständnis der Bibelstelle

Der Besuch Jesu bei Maria und Marta wird erzählt im Kontext des Weges Jesu nach Jerusalem. Ihm voraus geht die Erzählung vom barmherzigen Samariter. Durch das anschauliche Beispiel des Samariters beantwortet Jesus einem Gesetzeslehrer die Frage: »Was muss ich tun, um das ewige Leben zu gewinnen?« Jesus verweist auf das wichtigste Gebot in den Schriften: »Du sollst den Herrn, deinen Gott lieben ... Deinen Nächsten sollst du lieben wie dich selbst«. Im Beispiel des barmherzigen Samariters konkretisiert sich dieses Gebot.

Unmittelbar darauf folgt im Lukas-Evangelium der Besuch Jesu bei Maria und Marta. Maria und Marta sowie ihr Bruder Lazarus gehören zum Freundes- und Jüngerkreis Jesu. Und bei allem, was sie miteinander besprechen und tun, geht es auch ihnen immer um die Frage: »Was muss ich tun, um das ewige Leben zu gewinnen?« Maria und Marta beantworten diese Frage nicht theoretisch, sondern im Tun: Marta kümmert sich um die Gäste und Maria sitzt Jesus zu Füßen – als Jüngerin des Rabbis.

Lukas erzählt diese Geschichte auch im Hinblick auf die jungen Gemeinden, in denen die Diskussion um die Zuordnung von Dienst und Hören entbrannt ist. Was ist wichtiger – was ist richtiger? Die Antwort heißt immer: eine gesunde Balance. Im Text scheint Jesus das Verhalten von Maria zu loben, indem er Marta sagt, dass Maria das Bessere gewählt habe. Ein Blick in den griechischen Urtext zeigt, dass auch die Übersetzung »Maria hat das Gute gewählt« möglich ist. Damit wird deutlicher, dass es nicht um eine Wertung der beiden Verhaltensweisen geht, sondern dass beides gut ist, sie werden nicht gegeneinander ausgespielt. Beides ist gut, beide ergänzen sich einander.

Deutung

Der Reiz dieser Bibelstelle liegt besonders darin, dass sich jede Frau ganz persönlich von dem Konflikt zwischen diesen beiden Verhaltensweisen angesprochen fühlt. Jede kennt diese Situation: Was ist jetzt das Richtige? Was ist wichtiger? Ist es wichtiger, Jesus zu dienen, zu bedienen, oder ist es wichtiger, ihm zuzuhören, ihm die ganze Aufmerksamkeit zu schenken und ihm nicht von der Seite zu weichen? Wenn Maria und Marta nach diesem Besuch miteinander reden würden, kämen sie vielleicht auf folgende Gedanken:

Marta:

Weißt du Maria, ich fand das heute Nachmittag ganz schön anstrengend. Ich habe mich sehr gefreut, dass er so unerwartet kam, aber es hat mich auch unter Druck gesetzt, so viel Essen auf den Tisch zu bringen. Schließlich soll er sich bei uns wohlfühlen und willkommen geheißen. Dazu gehört es nun mal, zu essen und zu trinken, und nur ein aufgeräumtes Haus ist ein gemütliches Haus.

Ich wollte vor allem, dass es ihm gut geht. Aber bei all den Vorbereitungen und Besorgungen bin ich gar nicht dazu gekommen, ihm richtig zuzuhören und etwas von seinem Besuch zu haben. Ich glaube, er hat sich wohlgefühlt und es hat ihm gut geschmeckt. Aber wir hatten kaum Zeit, miteinander zu reden.

Maria:
Ich habe dich heute Nachmittag bewundert, Marta, dass du es geschafft hast, die ganzen Freunde von Jesus zu bewirten. Ich habe mich so gefreut, als er kam, dass ich gar nicht von seiner Seite weichen konnte. Jedes Wort von ihm war mir wichtig und was hätte ich alles verpasst, wenn ich in der Küche gestanden hätte. Ich fand seine Gleichnisse so begeisternd und ich habe soviel Neues erfahren. Ich bin noch ganz voll davon. Ich hätte es dir auch gegönnt, ihm einfach nur zuzuhören. Aber du warst mit dem Essen so beschäftigt, du hast gar nichts mitbekommen. Ich wollte dich nicht so alleine arbeiten lassen, aber ich war froh, dass Jesus Verständnis für mein Zuhören hatte.

Es geht aber in dieser Geschichte nicht nur um die Entscheidungen zweier Frauen. Auch der Konflikt der jungen Gemeinde hat hier seinen Niederschlag gefunden, die Frage, worum es im Leben der Gemeinde zuerst gehen soll. Letztlich kennt jeder glaubende Mensch dieses Problem. Bei genauerem Hinsehen löst sich die oberflächliche Spannung zwischen »Dienen« und »Hören« zumindest in einer Hinsicht auf: Dienen heißt nicht nur bedienen, sich sorgen und mühen. Jesus zu dienen heißt auch, auf ihn zu hören und sich Zeit für ihn und sein Wort zu nehmen. Zum Sorgen und Mühen finden sich im Neuen Testament einige Aussprüche Jesu, etwa in Lk 12,22–32: »Sorgt euch nicht um euer Leben und darum, dass ihr etwas zu essen habt ... Euer Vater weiß, dass ihr das braucht. Euch muss es zuerst um sein Reich gehen«.

Die Anfrage dieses kurzen Bibeltextes ist also eindeutig: Wo liegen unserer Prioritäten? Haben wir sie überhaupt erkannt? Diese Anfrage bezieht sich auf alle Bereiche des Lebens. So kann und soll sich jeder immer wieder den Fragen stellen: Gehöre ich zu denen, die den Glauben und die Beziehung zu Jesus gerne verinnerlichen und die sich dem Gebet und dem Lesen der Heiligen Schrift widmen, ohne das Gelesene in konkrete Taten umzusetzen? Gehöre ich zu denen, die lieber tun, d. h. sich in der Gemeinde engagieren, aber darüber die Zeit des Gebetes und des Gesprächs mit anderen vernachlässigen? Gelingt es mir, den »kairos«, den besonderen Augenblick der Begegnung mit Gott in einem Menschen wahrzunehmen? Finde ich meine Balance zwischen »Dienen« und »Hören«?

Impulse für die Weiterarbeit und das Gespräch in Gruppen

1. Was löst die Geschichte aus? – Gespräch in einer Gruppe:
   Mit folgenden Impulsfragen kann ein Gespräch über den Text beginnen: Welche Gefühle löst diese Geschichte in ihnen aus,
   - wenn Sie das Verhalten von Maria anschauen?
   - wenn Sie das Verhalten von Marta anschauen?
   - wenn Sie Jesu Antwort hören?
   - Wie würden Sie spontan reagieren?

   An welche Situation in Ihrem Leben/in Ihrem Alltag erinnert Sie dieser Text?
   Was sagt Ihnen die Bibelstelle zu dieser Situation?

2. Ein Dialog zwischen Marta und Maria
   Wie könnte ein Gespräch zwischen Maria und Marta aussehen: freundlich und verständnisvoll oder ärgerlich und vorwurfsvoll? Formulieren Sie solch ein Gespräch, entweder für sich selbst oder zu zweit, evtl. auch in zwei Gruppen.
   - Warum hat Maria/Marta so gehandelt und so reagiert?
   - Welche Gefühle hatte sie dabei?
   - Was waren die Gründe ihres Handelns?
   - Was würde Jesus außer dem überlieferten Satz sagen?

Falls Sie sich nur in eine der beiden Frauen hineinversetzen mögen, schreiben Sie die Geschichte aus ihrem Blickwinkel heraus.

3. Diese Erzählung kann auch als Folie dienen, sich mit der eigenen Fest- und Feierkultur auseinander zu setzen:
   - Welche Rolle nehme ich bei Familienfeiern ein: die der dauerbeschäftigten, aber unzufriedenen Marta oder die der beliebten, zuhörenden Maria?
   - Bin ich mit meiner Rolle und mit der der anderen zufrieden?
   - Jesus schätzt Maria und Marta. Wie kann ich ein gutes Gleichgewicht zwischen beiden Möglichkeiten herstellen?
   - Was kann ich bei der nächsten Gelegenheit anders machen?

Kontexte

Dorothee Sölle:

Für unsere Geschichte bedeutet das, zwei Schritte zu tun. Den ersten nenne ich: Martha wiederentdecken, den zweiten: Maria und Martha zusammenbekommen! Wir müssen Martha nicht nur »verstehen«, sondern sie aufwerten, ihre Stärke wahrnehmen, ihre Kraft uns zu eigen machen. Wir dürfen sie nicht nur von Lukas (Kapitel 10) her sehen, sondern müssen Johannes, Kapitel 11, die Geschichte von der Auferweckung des Lazarus, dazunehmen, eine Geschichte, in der Martha die Handelende ist, die mit Jesus rechtet wie Hiob mit Gott. Sie ist die realistische, die weiß, dass ihr Bruder nach vier Tagen im Grab schon stinkt, und sie ist die theologisch Denkende, die das Bekenntnis zu Christus ausspricht: »Herr, ja ich glaube, dass du bist Christus, der Sohn Gottes, der in die Welt gekommen ist« (Johannes 11;27). Sie glaubt so stark wie sonst nur Petrus. (...)

In der Lazarusgeschichte wird auch erzählt, wie verschieden die beiden Schwestern auf den Tod ihres Bruders reagieren. Maria wirft sich weinend Jesu zu Füßen: Martha rechtet mit ihm, der ganz in der Nähe war und ohne Mühe hätte eher kommen können! Sie ist vorlaut, gibt nicht klein bei, sie ist es auch, die – ein weiblicher

Petrus – die Wahrheit sagt. Kein Zufall, dass sie als Drachentöterin dargestellt wird.

(…) Wir müssen lernen, dass wir nicht wählen müssen zwischen der Kontemplation und dem Handeln. Niemand hat das Recht, uns diese falsche Alternative aufzuzwingen. Wir müssen die Welt nicht in Macher und Träumer, in Yogis und Kommissare, in die sanft lauschende, sich hingebende Maria auf der einen Seite und die pragmatische, handlungsstarke Martha aufspalten. Wir brauchen beide, Maria und Martha, ja wir sind in der Tat diese beiden Schwestern.

7. Loslassen

Gewiss, ich werde traurig sein
wenn du gehst.
Es wird Stille sein.
Ich werde dich am Horizont
kleiner werden sehn
Bis dich die untergehende Sonne
wegleuchtet
und ohne die Nacht zu brauchen
wieder aufgeht.
Die Stille wird sich
mit Leben füllen
das wieder einmal anders ist
und ich werde dankbar sein
dass es dich gab.
Jörn Pfennig

Eine Lebenserfahrung, die niemandem erspart bleibt, ist die Erfahrung des Abschieds. Mit dem Abschied müssen wir leben. Er begegnet uns immer wieder und in verschiedenen Formen. Da ist zum einen der frohe und hoffnungsvolle Abschied, der verbunden ist mit einem eigenen Aufbruch. Weil er selbst gewählt ist und weil der Aufbruch neues Leben verheißt, ist er meist leichter zu verkraften.

Anders ist es mit dem Abschied, der nicht freiwillig geschieht: wenn Beziehungen zerbrechen, Träume und Pläne unerfüllt bleiben. Der schwerste Abschied ist der Tod eines geliebten Menschen.

Besonders für Frauen ist das Loslassen der eigenen Kinder ein einschneidender Abschied, ein schmerzhafter Prozess. Aus den Kindern werden Jugendliche, die ihren eigenen Weg gehen müssen. Sie verlassen das Haus, die Familie. Eigentlich sollte dieser Abschied zu den hoffnungsvollen und froh machenden gehören – sagt der Kopf. Denn dieser Abschied bedeutet auch, dass der junge Mensch nun sein Leben selbst in die Hand nimmt. Eltern könnten sich freuen, ihr Kind in die Selbstständigkeit gehen zu sehen. Aber das Herz will das geliebte Kind nur allzu oft festhalten. Gerade die Mütter schmerzt dieser Abschied besonders.

In einem solchen Loslösungsprozess geschehen eigentlich viele kleinere und größere Abschiede: der Abschied von diesem geliebten Menschen, der ja nicht für immer geht, aber die Familie in gewissem

Sinne doch verlässt, zumindest räumlich. Schwer ist sicher auch der Abschied von der eigenen Rolle: Wenn das Kind nicht mehr da ist, nicht mehr umsorgt werden will und sein eigenes Zuhause aufbaut, dann ist die Mutterrolle in der alten Form zunächst passé. Dann geht es darum, eine neue Form des Umgangs mit meinem Kind einzuüben. Damit ist auch der Abschied vom gewohnten Familienalltag verbunden, auch wenn vielleicht noch andere Kinder im eigenen Haushalt leben. Aber ohne diesen einen Menschen ist der Alltag nicht mehr so wie er war. Jede Mutter ist vor die Herausforderung gestellt, aus diesem Abschied einen fruchtbaren Neuanfang zu machen.

1. Bibelstelle: Der zwölfjährige Jesus im Tempel (Lk 2,41–52)
Die Eltern Jesu gingen jedes Jahr zum Paschafest nach Jerusalem. Als er zwölf Jahre alt geworden war, zogen sie wieder hinauf, wie es dem Festbrauch entsprach. Nachdem die Festtage zu Ende waren, machten sie sich auf den Heimweg. Der junge Jesus aber blieb in Jerusalem, ohne dass seine Eltern es merkten. Sie meinten, er sei irgendwo in der Pilgergruppe, und reisten eine Tagesstrecke weit; dann suchten sie ihn bei den Verwandten und Bekannten. Als sie ihn nicht fanden, kehrten sie nach Jerusalem zurück und suchten ihn dort. Nach drei Tagen fanden sie ihn im Tempel; er saß mitten unter den Lehrern, hörte ihnen zu und stellte Fragen. Alle, die ihn hörten, waren erstaunt über sein Verständnis und über seine Antworten. Als seine Eltern ihn sahen, waren sie sehr betroffen, und seine Mutter sagte zu ihm: Kind, wie konntest du uns das antun? Dein Vater und ich haben dich voll Angst gesucht. Da sagte er zu ihnen: Warum habt ihr mich gesucht? Wusstet ihr nicht, dass ich in dem sein muss, was meinem Vater gehört? Doch sie verstanden nicht, was er damit sagen wollte. Dann kehrte er mit ihnen nach Nazaret zurück und war ihnen gehorsam. Seine Mutter bewahrte alles, was geschehen war, in ihrem Herzen. Jesus aber wuchs heran, und seine Weisheit nahm zu, und er fand Gefallen bei Gott und den Menschen.

Zum besseren Verständnis der Bibelstelle

Dieser Abschnitt bildet den Abschluss der Kindheitsgeschichte Jesu oder der so genannten »Vorgeschichte« im Evangelium des Lukas. Lukas stellt in dieser Vorgeschichte die Geburt Jesu in einen geschichtlichen Kontext, indem er Namen und Titel der damals Herrschenden angibt. Zugleich macht er deutlich, dass Jesus der erwartete Messias, der Gesalbte, der Gottessohn ist. Davon geben Hanna und Simeon Zeugnis, als Jesus im Alter von acht Tagen in den Tempel gebracht wird. Davon gibt auch diese Erzählung vom Auffinden Jesu im Tempel Zeugnis.

In einer Firmmappe gibt es zu dieser Szene ein kleines Rollenspiel: »Stell dir vor, du hast versprochen um 12 Uhr zu Hause zu sein, kommst aber erst am nächsten Morgen heim? Wie reagieren deine Eltern?« Die Reaktionen der Jugendlichen reichen von: »Ach, das merken die gar nicht!« über «Na ja, das gäbe schon ganz gut Zoff« bis »Meine Mutter würde vor Angst sterben«. Eine große Bandbreite möglicher Reaktionen.

Die Schrift lässt Maria sagen: »Kind, wie konntest Du uns das antun? Dein Vater und ich haben dich voll Angst gesucht.« Damit wird uns diese Szene kurz und knapp vor Augen gestellt, und wir lesen sie unter dem Blickwinkel, dass Jesus ja Gottes Sohn ist und höheren Gesetzen gehorcht.

Aber versetzen wir uns einmal in die Lage von Maria: Sie hat zusammen mit Josef Jesus so gut wie möglich erzogen, ihn die Vorschriften und Gebote des Judentums gelehrt. Nun ist er zwölf Jahre alt. Er wird bald seine Bar-Mizwa feiern und damit vor dem jüdischen Gesetz als erwachsen gelten. Als Höhepunkt des Jahres machen sich Maria und Josef auf zu der Wallfahrt nach Jerusalem, zum Paschafest. Sie waren sicherlich sehr stolz auf ihren heranwachsenden Sohn und sahen den Feiertagen mit Freude entgegen. Dann kommt das unschöne Ende dieser feierlichen Tage. Die Eltern von Jesus sind schon eine Tagesreise weit nach Hause gewandert, bevor sie merken, dass ihr Sohn nicht in der Pilgergruppe ist. Was ist ihnen in dieser Situation wohl durch den Kopf und durch das Herz gegangen? Ein Heranwachsender, der nicht nach Hause kommt, der nicht an seinem Platz ist … Eltern von Jugendlichen sind diese Gefühle nicht fremd, die Spannung zwischen Loslassen und Festhalten, zwischen Freiheit und Kontrolle, zwischen Stolz auf die wachsende Selbstständigkeit und dem Wunsch, zu behüten.

Die Situation, dass junge Menschen nicht zur vereinbarten Zeit zu Hause sind, bringt Eltern immer in ein Gefühlskarussell und an die schwierige Frage: Wie gehe ich damit um? In Lk 2,46 heißt es: Als seine Eltern ihn sahen, waren sie sehr betroffen und seine Mutter sagte zu ihm: »Kind, wie konntest du uns das antun? Dein Vater und ich haben und dich voll Angst gesucht.« Sie waren betroffen – betroffen davon, wie erwachsen ihr Sohn schon in der Gesellschaft der Lehrer im Tempel diskutierte? Betroffen davon, dass dies nicht mehr »ihr Junge«, sondern ein selbstständiger junger Mann war? Gibt es nicht die Situationen, in denen eine Veränderung blitzartig sichtbar wird?

Kind, wie konntest du uns das antun? – Die erste Erleichterung, die nachlassende Anspannung entlädt sich in einem Vorwurf. Oft bleibt es nicht bei einem Satz, sondern die ganze Sorge und Not bricht sich in einer langen Reihe von Vorwürfen Bahn und lässt dem anderen kaum eine Chance, zu reagieren. Bei Maria und Josef ist der zweite Satz aber ein anderer: »Dein Vater und ich haben dich voll Angst gesucht.« Damit ist die Tür für ein Gespräch wieder offen: Maria und Josef erzählen von ihrer Not und ihrer Angst und bleiben nicht in den Vorwürfen stecken. Vielleicht können sie auch deshalb die folgende Antwort Jesu, die ja sehr viel Ablehnung enthält, zumindest akzeptieren, wenn auch nicht verstehen.

Deutung

Wenn dieser Text nicht als eine Geschichte »der heiligen Familie« betrachtet wird, haben wir es durchaus mit einem Text über eine ganz normale Familie mit pubertierenden Jugendlichen zu tun. In dieser Perspektive kann dieser Text sogar ein Hinweis darauf sein, dass das Gespräch in einer schwierigen Situation nicht unbedingt abreißen muss, sondern fruchtbar fortgeführt werden kann.

Wenn Ängste und Sorgen um die heranwachsenden Kinder mit deren Bedürfnis nach Freiheit und Vorstellung von Selbstständigkeit kollidieren, kommt es schnell zu Wortgefechten, die im Streit enden. Auch Maria und Josef sind zunächst verängstigt. Zugleich sind sie verärgert über das Verhalten ihres Sohnes. Sie machen ihm Vorwürfe und schimpfen. Aber gleichzeitig sprechen sie von sich selbst: »Wir haben dich voll Angst gesucht.«

Damit wird der junge Mensch nicht in die Verteidiger-Rolle gedrängt, sondern er kann seine Erfahrung mit ins Spiel bringen: »Wusstet ihr denn nicht … ?« Für ihn ist sein Verhalten selbstverständlich. Er wollte die Eltern nicht provozieren.

Somit begegnet uns in diesem Text eine der wichtigsten Regeln, die es in Gesprächen mit Heranwachsenden zu beachten gilt: Es ist gut und sinnvoll, von den eigenen Gefühlen und der eigenen Betroffenheit zu sprechen. Dann kann auch der andere seine Ansichten einbringen und es kann sich so manches klären. Bei Vorwürfen und Schuldzuweisungen stehen zu bleiben hat oft zur Folge, dass Türen zugeschlagen werden. Schwer zu reparierende Risse drohen die Familie zu entzweien. Wenn jeder nur in seinen Gedanken und Erfahrungen gefangen bleibt, wird es immer schwieriger, den Zugang zum anderen zu finden.

Impulse zum Weiterdenken und zum Gespräch in Gruppen

1. Bibelgespräch:
   Zunächst werden eigene Erfahrungen mit Jugendlichen in vergleichbaren Situationen gesammelt.
   - Was habe ich erlebt?
   - Wie ist es mir in der Situation ergangen?
   - Wie habe ich reagiert?
   - Wie hat der/die Jugendliche reagiert?

   Anschließend wird der Bibeltext gelesen.
   - An welcher Szene bleibe ich hängen?
   - Wie hätte ich reagiert?

- Was bedeutet diese Geschichte für meinen Umgang mit den Jugendlichen?

2. Bildbetrachtung:
Das Bild von Simone Martini aus dem 14. Jahrhundert trägt den Titel »Heilige Familie«. Es stellt die Szene dar, in der die Eltern Jesus im Tempel wieder gefunden haben und ihn nun zur Rede stellen.
Betrachten Sie die einzelnen Personen:
   - Josef, in der Mitte des Bildes, ist die größte Figur. Er weist mit der Hand zu Maria, sein Kopf ist Jesus zugeneigt. Sein Gesicht spiegelt vielfältige Gefühle wieder: Trauer, Zorn, Unverständnis. Er scheint zwischen Jesus und Maria vermitteln zu wollen.
   - Maria sitzt links im Bild. Sie hält ein Buch in der Hand, in dem geschrieben steht: Kind wie konntest du uns das antun? Ihre fragend ausgestreckte Hand entspricht der Handhaltung Josefs.
   - Jesus ist rechts im Bild. Er demonstriert ganz die Ablehnung dessen, was ihm vorgeworfen wird: die Arme verschränkt, sein Buch verschlossen, die Miene trotzig.

Woran bleibt Ihr Blick hängen?
Was würden die einzelnen Personen wohl sagen?
Welche der Personen können Sie gut verstehen?
Was fällt Ihnen schwer zu verstehen?

2. Bibelstelle: Die Mutter des Tobias (Tobit 7,17–23)

Darauf sagte Tobit zu Tobias: Mach dich fertig zur Reise! Ich wünsche euch alles Gute auf den Weg. Als der Sohn alles für die Reise vorbereitet hatte, sagte sein Vater zu ihm: Mach dich mit diesem Mann auf den Weg! Gott, der im Himmel wohnt, wird euch auf eurer Reise behüten; sein Engel möge euch begleiten. Da brachen die beiden auf, und der Hund des jungen Tobias lief mit.
Hanna aber, die Mutter des Tobias weinte und sagte zu Tobit: Warum hast du unseren Sohn weggeschickt? War er nicht die Stütze unseres Alters, als er noch bei uns ein- und ausging? Wir hätten dieses Geld nicht gebraucht; denn es ist nichts, verglichen mit

dem Leben unseres Sohnes. Was uns der Herr zum Leben gegeben hat, reicht für uns. Tobit antwortete: Mach dir keine Sorgen, Schwester, er wird gesund zurückkommen, und du wirst ihn gesund wiedersehen. Denn ein guter Engel begleitet ihn, und seine Reise wird ein gutes Ende nehmen; er wird sicherlich gesund heimkehren. Da hörte sie auf zu weinen.

Zum besseren Verständnis der Bibelstelle

Das Buch Tobit ist eine biblische Legende, die vom Unglück gläubiger Juden erzählt und von der Rettung aus dieser Notsituation durch Gott. Tobit lebt in Assyrien, wohin er verschleppt wurde, und steht dort seinen Stammesbrüdern nach besten Kräften bei. Er büßt durch Verfolgung seine gesamte Habe ein und verliert auch noch sein Augenlicht. Auch seine Frau macht ihm Vorwürfe.

In dieser Not schickt Gott seinen Engel Rafael zur Hilfe. Dieser begleitet Tobias, den Sohn Tobits, auf einer gefahrvollen Reise nach Medien. Dort findet Tobias Sara und nimmt sie zur Frau, bei ihrer Rückkehr wird Tobit von der Blindheit geheilt.

Die Geschichte des Buches Tobit, die hauptsächlich von seinem Sohn Tobias erzählt, ist eine Weggeschichte und eine Geschichte des Erwachsenwerdens. In Not geraten, erklärt sich Tobias bereit, sich auf den Weg zu entfernten Verwandten zu machen, die noch Geld der Familie in Verwahrung haben. Tobias bricht mit allem jugendlichen Elan und jugendlicher Unbekümmertheit auf. Seiner Mutter bricht fast das Herz, als sie ihn ziehen lassen muss. Sie möchte lieber auf die Möglichkeiten, die ihr das Leben noch bietet, verzichten, um nicht ihren Sohn in Gefahr zu bringen oder gar zu verlieren.

Deutung

Aufbruch bedeutet Gefahr, Entwicklung, Wachstum – all das, was ein junger Mensch auf seinem Weg ins Leben erfahren und durchleben muss. Tobias' Mutter möchte ihren Sohn festhalten, möchte, dass er Kind bleibt. Sie traut dem Leben und Tobias nicht. Sie möchte festhalten und sich lieber beschränken, als Tobias mit Vertrauen seinen Weg gehen zu lassen.

Loslassen ist eine Frage des Vertrauens:

- Vertrauen der Mutter in sich selber – dass nicht mit den Kindern der ganze Lebenssinn aus dem Haus geht,
- Vertrauen in die Partnerschaft – die wieder einen anderen Stellenwert bekommt, wenn die Kinder aus dem Haus sind, und die wieder neu gestaltet werden muss,
- Vertrauen in den Sohn – dass er das Leben in seiner eigenen Art und Weise meistern wird und die Gaben und Werte, die er von seinen Eltern mitbekommen hat, einsetzen wird,
- Vertrauen in Gott – dass »ein guter Engel mit ihm ziehen« werde und er so seinen Weg nicht alleine gehen muss.

Vertrauen heißt, einen Schritt über die Angst hinaus zu tun und sich nicht von der Angst beherrschen zu lassen.

Die Tobit-Geschichte ist eine Geschichte, die vom Loslassen, aber auch von der Lösung vom Elternhaus erzählt. Tobias macht sich frei von der engen Bindung an seine Eltern und bricht in seine Zukunft auf. Auch Sara, Tobias' zukünftige Frau, muss sich von ihrem Elternhaus lösen. Der Weg des Tobias hin zu Sara ist also ein symbolischer Weg des Erwachsenwerdens. Es gilt, den eigenen Stand, den eigenen Lebensweg unabhängig von den Eltern zu finden.

Gleichzeitig kann dieser Weg nur ein guter Weg werden, wenn die Eltern ihr Kind loslassen, wenn sie ihm die Selbstständigkeit zutrauen und ihn ohne Angst in seine eigene Zukunft ziehen lassen.

Impulse für die Weiterarbeit und das Gespräch in Gruppen

Da das Buch Tobit nur elf Kapitel umfasst, lohnt es sich, die ganze Geschichte zu lesen.

1. Vertrauen und Angst – Gruppengespräch mit Müttern
   Zwei Plakate mit den Aufschriften »Vertrauen« und »Angst« liegen in der Mitte. Die Teilnehmerinnen können ihre

Assoziationen zu diesen Worten aufschreiben, besonders im Hinblick auf ihre Kinder.

- Welche Abschiede in meinem Leben waren mir besonders schwer?
- Loslassen – was löst dieses Wort in mir aus?
- Welche Erinnerungen werden dabei in mir wach?
- Was kann ich nur schwer loslassen?
- Wie sind meine Erinnerungen an die Zeit, als ich selbst mich von meinen Eltern im Erwachsenwerden gelöst habe?
- Wie habe ich den Auszug, das Weggehen meiner Kinder erlebt?
- Wie stelle ich mir das Weggehen vor, wie wünsche ich es mir?
- Gibt es Rituale, die hilfreich sind, wenn ein Kind aus dem Haus geht?
- Was könnten das für Rituale sein?

2. Loslassen – ein Brief an einen geliebten Menschen

Nicht nur Mütter müssen loslassen. Immer wieder gilt es, im Leben von geliebten Menschen loszulassen, sie ihren Weg gehen zu lassen. In einem fiktiven Brief an einen Menschen, von dem wir uns auf welche Art auch immer verabschieden müssen, kann jeder seinen Gedanken freien Lauf lassen. Das ordnet häufig die diffusen Stimmungen und Gefühle, die mit diesem Thema verbunden sind. Wichtige Punkte in einem solchen Brief könnten sein:

- Warum fällt mir der Abschied schwer?
- Was wünsche ich dir für deinen Weg?
- Was wünsche ich mir?

Die Briefe behält jede für sich, sie werden nicht vorgelesen.

8. Über sich hinauswachsen

Meine Seele sieht das Land der Freiheit und mein Geist wird aus der Verängstigung herauskommen.
Dorothee Sölle

Wir leben in einer Zeit und einer Gesellschaft mit allen Möglichkeiten! Wir können unser Leben frei gestalten: einen Beruf wählen, den Wohnort wechseln, neue Menschen kennen lernen, fremde Länder erkunden. Alles scheint möglich. Der Traum der Freiheit. Wirklich?

Was auf den ersten Blick nach großer Freiheit aussieht, ist auf den zweiten Blick durchzogen von Vorgaben und Einschränkungen: Vor allem gesellschaftliche Konventionen beeinflussen uns mehr als wir oft meinen. Wer anerkannt sein will, muss bestimmte Dinge tun und andere lassen. Wir beäugen Nachbarn und Kollegen und tun ihnen gleich: Wir feiern unsere Feste gleich, haben genormte Häuser und sichern uns gegen Widrigkeiten des Lebens ab, wo wir können. Wer aus der Bahn bricht, fällt auf. Alternative Lebensentwürfe werden nur oberflächlich akzeptiert und in Wirklichkeit kritisch begutachtet. Wir wollen individualistisch sein, aber wir wollen doch nicht aus dem Rahmen fallen, nicht allzu sehr abweichen von den anderen und erst recht nicht anstößig wirken. Denn letztlich haben wir alle feste Vorstellungen von einem gelungenen, perfekten Lebenslauf.

So ist es heute trotz aller proklamierter Toleranz gerade für Frauen schwierig, neue Wege zu gehen. Das Rollenbild der Frau ist immer noch enger und festgefahrener als viele es zugeben wollen. Alte Rollenmuster zu verlassen und gesellschaftliche Konventionen aufzubrechen, ist nicht leicht. Wer aber wirklich zu sich selbst finden will, wer sein Leben leben und sich nicht mit übergestülpten Rollen zufrieden geben will, der muss hinter allen Konventionen und Gewohnheiten sich selbst suchen. Dann erst bricht das wahre Leben an, dann erst brechen Beschränkungen auf.

Dann und wann brechen auch unvorhergesehene Ereignisse unser Leben auf, sie werfen uns aus der Bahn. Wir werden vom Leben überrascht: durch eine ungeplante Schwangerschaft oder die der minderjährigen Tochter, durch eine aufrüttelnde Begegnung mit einem fremden Menschen, durch die glückliche und unvorhersehbare Genesung eines schwer kranken Menschen. Schönes und Schwieriges kann uns aus der Bahn werfen und wir sehen: Zwischen Himmel und Erde gibt es mehr als wir bisher ahnten. Deus semper maior – Gott ist immer größer! Gott ist größer als unser Denken, Gottes Blick ist weiter als unsere Augen sehen können, Gottes Welt ist vielfältiger und reicher als je gedacht.

Mit dieser Erfahrung sind wir nicht allein. Wir teilen sie mit vielen Frauen der Bibel. Auch mit Maria, der Mutter Jesu. Ihr geschieht das Unvorstellbare und es rüttelt ihr Leben ganz ordentlich durcheinander. Doch, fest verwurzelt im Glauben, traut sie ihrem Gott zu, dass er es gut mit ihr meint. Sie kann sich auf das Neue in ihrem Leben einlassen – erst zögerlich und irgendwann ganz. Sie vertraut darauf, dass Gott mitten in ihrem Leben ist und sie nicht allein lässt.

Bibelstelle: Die Verkündigung an Maria (Lk 1,26–38)
Im sechsten Monat wurde der Engel Gabriel von Gott in eine Stadt in Galiläa namens Nazaret zu einer Jungfrau gesandt. Sie war mit einem Mann namens Josef verlobt, der aus dem Haus David stammte. Der Name der Jungfrau war Maria. Der Engel trat bei ihr ein und sagte: Sei gegrüßt, du Begnadete, der Herr ist mit dir. Sie erschrak über die Anrede und überlegte, was dieser Gruß zu bedeuten habe. Da sagte der Engel zu ihr: Fürchte dich nicht, Maria; denn du hast bei Gott Gnade gefunden. Du wirst ein Kind empfangen, einen Sohn wirst du gebären: dem sollst du den Namen Jesus geben. Er wird groß sein und Sohn des Höchsten genannt werden. Gott, der Herr, wird ihm den Thron seines Vaters David geben. Er wird über das Haus Jakob in Ewigkeit herrschen, und seine Herrschaft wird kein Ende haben. Maria sagte zu dem Engel: Wie soll das geschehen, da ich keinen Mann erkenne? Der Engel antwortete ihr: Der Heilige Geist wird über dich kommen, und die Kraft des Höchsten wird dich überschatten. Deshalb wird das Kind heilig und Sohn Gottes genannt werden. Auch Elisabet, deine Verwandte, hat noch in ihrem Alter einen Sohn empfangen; obwohl sie als unfruchtbar galt, ist sie jetzt schon im sechsten Monat. Denn

für Gott ist nichts unmöglich. Da sagte Maria: Ich bin die Magd des Herrn; mir geschehe, wie du es gesagt hast. Danach verließ sie der Engel.

Zum besseren Verständnis der Bibelstelle

Der Evangelist Lukas beschreibt als einziger der Evangelisten diese Begegnung zwischen Maria und Gott durch den Engel als Boten und beantwortet damit die Frage nach dem Ursprung Jesu sehr menschlich. Auch Maria steht in dieser Bibelstelle da mit ihrer ganzen Menschlichkeit und dem gottgewollten Schicksal ihres Lebens. Sie wird hier als Jungfrau aus dem einfachen und in der damaligen Zeit unbedeutenden Städtchen Nazaret beschrieben. Als Jungfrau galt zu der Zeit ein heiratsfähiges Mädchen, welches jedoch noch nicht verheiratet, aber schon durch einen Ehevertrag rechtlich an einen Mann gebunden war. Ein Zusammenleben war nach damaliger Sitte erst nach der Hochzeit möglich, die meist ein Jahr nach Abschluss des Ehevertrages stattfand.

Das Haus, aus dem Josef, ihr zukünftiger Mann, stammte, war nach biblischer Aussage das Königshaus Davids. Das ist ein Hinweis des Schriftstellers Lukas auf die spätere Bedeutung Jesu für das Volk Israel und die ganze Welt. Maria wird so durch ihre anstehende Heirat mit Josef in das Königsgeschlecht mit einbezogen, was ihr eine besondere Bedeutung zukommen lässt.

Die evangelische Theologin Hildegunde Wöller weißt darauf hin, dass bereits der Titel »Jungfrau« für Maria ihre herausragende Bedeutung deutlich macht und auf die Bedeutung des anstehenden weltverändernden Ereignisses hinweist: »In der Religionsgeschichte ist die Jungfrau ein Titel der großen Göttin und damit Symbol der kosmischen Ordnung, des Lebens, das sich selbst erneuert, der Weisheit.« Das Kind soll nach Aussage des Engels den Namen »Jesus« bekommen. Dieser Name ist ebenfalls bereits Programm: »Jesus« heißt »Jahwe (der jüdische Gottesname) rettet«. »Er wird groß sein und Sohn des Höchsten (Sohn Gottes) genannt werden« steht im Vers 32. »Sohn Gottes« galt damals als der Hoheitstitel, den alle Könige Israels vom Tag ihrer Inthronisierung führen durften. Dieser Titel gilt für Jesus bereits vor seiner Geburt. Dadurch wird auch Marias Leben von diesem Moment an in einen ganz neuen Bedeutungszusammenhang gestellt.

Deutung

Lukas erzählt die Geschichte um das wichtigste Ereignis des Mutterwerdens Marias sehr menschlich. Leicht lässt sich gedanklich das bisherige und zukünftig zu erwartende Leben Marias vorstellen. Vermutlich ist ihr Leben bis zu diesem Tag völlig »normal«, unspektakulär verlaufen:

Maria wird als einfaches Mädchen ihrer Eltern in dem kleinen unbedeutenden Städtchen Nazaret aufgewachsen sein. Als sie in das heiratsfähige Alter kommt, wird sie Josef versprochen. Bis dahin verläuft ihr Leben wie das aller Mädchen ihrer Umgebung. Und sie wird sich ihr Leben auch weiterhin so ausgemalt haben, wie das Leben aller Mädchen und Frauen in ihrem Ort, die sie kennt. Sie wird in absehbarer Zeit ihren Mann heiraten, Kinder bekommen, mit den anderen Frauen des Städtchens und mit ihrer Familie leben, genau so wie sie es kennt, wie es ihr vorgelebt wurde.

Doch mit einem Tag, den sie wohl nicht erwartet hat, ändert sich ihr Leben. Sie ist schwanger noch bevor sie mit Josef in ein Haus zieht. Man braucht sich nur wenige Jahrzehnte zurückdenken oder in das Umfeld eines kleinen Dorfes heute versetzen, um ermessen zu können, wie diese Nachricht auf die Menschen in Marias Umgebung gewirkt haben kann: Dieses junge Mädchen steht mit einem Augenblick in einem ganz anderen Licht – in ihrer Stadt, aber auch vor sich selbst. Sie wird sich erst einmal sehr unwohl gefühlt haben in ihrer Haut und keine Vorstellung davon gehabt haben, wie ihr Leben jetzt weitergehen kann. Es wird damals nicht anders als heute gewesen sein: Wir Menschen brauchen unser Ansehen in den Augen unserer Mitmenschen. Es ist nicht egal, wie andere von uns denken. So wird es auch Maria nicht egal gewesen sein, was man über sie dachte. Und Josef? Wie würde er zu ihrer neuen Situation und zu ihr stehen? Die Angst wird Maria im Gesicht gestanden haben, als der Bote Gottes sie aufsucht. Verzweifelt wird sie ihre Lebenssituation bedacht haben und sich gefragt haben, welchen Weg Gott da für sie vorgesehen hat.

Aber der Bote Gottes tritt ganz menschlich auf und beruhigt Maria: »Fürchte dich nicht, Maria!«, spricht er sie an. Und mit diesem Satz spricht Gott zu Maria und ihrem Leben ein eindeutiges »Ja!« – »Ich habe *dein* Leben ausgewählt für meinen besonderen Plan!«

Durch die Worte des Engels stellt sich Gott auf die Seite der einfachen jungen Frau aus Galiläa und holt sie heraus aus der Abhängigkeit in das Aufatmen des Unabhängigseins von menschlichem Denken, aus den vorgeschriebenen Gesetzen der Menschen in die Freiheit der Kinder Gottes, aus der Kleinheit eines einfachen Mädchens in die Gottebenbildlichkeit einer sich selbst und ihres Wertes bewussten Frau. Gott steht mitten in Marias Leben, in ihren so menschlichen Sorgen und alltäglichen Problemen. Die Sorgen und Fragen, das »Wie soll das geschehen?« dieser einfachen jungen Frau sind Gott nicht zu banal oder gar egal. Für Gott ist Marias Geschichte einzigartig und die hat er im Blick und die trägt er mit. Er zieht sich auch nach der Verkündigung des vorgesehenen Lebensplanes an Maria nicht aus der Verantwortung! In dem Moment, in dem sich Maria dieser Zusage Gottes bewusst ist, kann sie ihr Leben und ihre Lebenssituation annehmen und zuversichtlich sein: Es ist das Leben, das Gott für sie aus guten Gründen ausersehen hat.

Damit holt Gott ihr und unser Leben aus der Anonymität der Masse: »Sei gegrüßt, du Begnadete, der Herr ist mit dir.« »Du Begnadete« heißt »Du Auserwählte«! Marias Leben ist ein Besonderes und das Leben eines jeden Menschen und einer jeden Frau ist ein Besonderes. Für Gott darf und muss es besondere Wege geben.

Das ist kein Gott der Gleichmacherei und kein Gott, der das Unbequeme scheut. Im Gegenteil: Gott macht in vielen Geschichten der Menschheit und der biblischen Erfahrungen, besonders aber am Anfang und am Ende des Lebens Jesu, deutlich, dass er auf der Seite des Schwachen, des Außergewöhnlichen, des nicht »Normalen«, der Außenseiter und Minderheiten steht. Gott ergreift Partei für das scheinbar Unmögliche. Die Gesetze der Menschen sind nicht in jedem Fall auch die Gesetze Gottes!

Mit dem Namen für Marias Kind »Jesus = Gott rettet« sendet Gott eine eindeutige und tröstende Botschaft an Maria: Dein Leben ist gut so! Ich habe es für dich erdacht! Hab keine Angst! Ich steh auf deiner Seite und ich schicke dir Menschen an die Seite, die dein Leben und das deines Kindes begleiten! Und weiter: Du bist nicht allein in deiner Situation! Schau um dich und sieh dir Elisabet an: Ist nicht auch ihre Lebenssituation sehr ungewöhnlich? Obwohl sie als unfruchtbar und viel zu alt für ein Kind galt, erwartet sie zeitgleich mit Maria ein Kind. Die Gesetze der Menschen sind nicht in jedem Fall auch die Gesetze Gottes!

Maria geht ihren Weg und im Laufe der in den Evangelien beschriebenen Geschichte ist dieser Weg auch in der Zukunft nicht immer einfach. Aber sie weiß sich in ihrem Glauben von Gott getragen und kann damit auch in schier unmöglichen Situationen bestehen. Die Theologin Hildegunde Wöller sieht in Maria eine Frau, die für heutige Männer, besonders jedoch auch für Frauen, zu einer Orientierung für ein selbstbestimmtes Leben werden kann: »Maria kann für uns Frauen zu einem Symbol werden, das von Gehorsam und Untertänigkeit befreit.« »Jungfräulichkeit«, so schreibt sie weiter, »ist keine biologische, sondern eine seelisch-geistige und politische Haltung, die sich frei macht von Vorurteilen gegenüber Frauen und allen Menschen« (in Hildegunde Wöller: Ich sehe dich in tausend Bildern, Christophorus-Verlag 1990, S. 10). Damit ist die Erzählung von der Verkündigung an Maria alles andere als das passive Empfangen des Willen Gottes. Es geht um die Ermutigung zu einem aktiven und selbstbestimmten Leben im Angesicht Gottes. Es ist keine Geschichte der Abhängigkeit und Enge, sondern ein Plädoyer für die Freiheit des Menschen im Angesicht Gottes.

Impulse für die Weiterarbeit und das Gespräch in Gruppen

1. Meditative Betrachtung: Magnifikat – Lied einer selbstbewussten Frau
   In der an die Verkündigung anschließenden Bibelstelle (Lk 1,39–56) ist die Begegnung von Maria und Elisabet beschrieben. Beide Frauen haben Ungewöhnliches erlebt und schauen jetzt positiv in die Zukunft. Elisabet ruft beim Anblick Marias den Satz aus: »Selig ist die, die Gott geglaubt hat!« Daraufhin preist Maria Gott:

   Meine Seele preist die Größe des Herrn,
   und mein Geist jubelt über Gott, meinen Retter.

   Denn auf die Niedrigkeit seiner Magd hat er geschaut.
   Siehe von nun an preisen mich selig alle Geschlechter.

   Denn der Mächtige hat Großes an mir getan,
   und sein Name ist heilig.

   Er erbarmt sich von Geschlecht zu Geschlecht
   über alle, die ihn fürchten.

   Er vollbringt mit seinem Arm machtvolle Taten:
   Er zerstreut, die im Herzen voll Hochmut sind;

   er stürzt die Mächtigen vom Thron
   und erhöht die Niedrigen.

   Die Hungernden beschenkt er mit seinen Gaben
   und lässt die Reichen leer ausgehen.

   Er nimmt sich seines Knechtes Israel an
   und denkt an sein Erbarmen,
   das er unseren Vätern verheißen hat,
   Abraham und seinen Nachkommen auf ewig.

   Im Anschluss an ein Bibelgespräch zur Verkündigungsgeschichte kann das Magnifikat als meditativer Text vorgelesen werden.

2. Gruppengespräch: Impulse für die eigene Lebenssituation
   Als weiterer Gesprächsimpuls für eine Gruppenarbeit können Impulsfragen dienen, die die eigene Lebenssituation und die Lebenssituation von Frauen in unserer Gesellschaft auf dem Hintergrund des biblischen Textes reflektieren:
   - Was ist für mich eine selbstbestimmte/selbstbewusste Frau?
   - Sehe ich mich selbst als selbstbewusste Frau?
   - Was steht meinem Selbstbewusstsein im Weg? Woraus beziehe ich mein Selbstbewusstsein? Was stärkt mich?
   - Was sind für mich alternative Lebensentwürfe? Wie gehe ich mit ihnen um? Bewerte ich sie? Wie?

3. Beschäftigung mit Lebensbildern: Selbstbestimmte Frauen bringen sich in die Gesellschaft ein und kämpfen für Gerechtigkeit.
   Es gibt im Laufe der 2000-jährigen christlichen Kirchengeschichte eine Vielzahl bekannter und weniger bekannter Frauen, die sich aus der Motivation ihres Glaubens und ihrer Menschenliebe heraus für andere eingesetzt haben.
   Die Auseinandersetzung mit dem biblischen Text der Verkündigung Mariens kann dazu ermutigen, mutige und sozial engagierte Frauen bewusst in den Blick zu nehmen. Dass es auch heute beeindruckende Beispiele engagierter Frauen gibt, die sich besonders für Frauen einsetzen, ermutigt zu eigenem Engagement. Wir möchten hier drei der vielen Beispiele kurz vorstellen und Frauengruppen ermutigen, sich mit den angesprochenen Frauenthemen und den genannten Organisationen auseinander zu setzen. Diese Beispiele machen auch angesichts schwieriger Situationen Mut!

Solwodi – Dr. Lea Ackermann
Der Verein »Solwodi« wurde von der Ärztin und Schwester Dr. Lea Ackermann ins Leben gerufen. Diese Organisation verhilft Frauen, die als Opfer von Menschenhändlern, Sextouristen und Heiratsvermittlern nach Deutschland gekommen sind, zu ihrem Recht und zu einem selbstständigen Leben. (weitere Informationen unter: www.solwodi.de)

Ruth Pfau
Auf ihrer Internetseite wird Ruth Pfau als Ärztin, Nonne und Power-Frau beschrieben. Die 1929 geborene Leipzigerin hat gerade den Nobelpreis Asiens für ihren Kampf gegen die Krankheit Lepra in Karachi/Pakistan in Empfang genommen. Mit den Worten »Sie hat ein ganzes Land verändert« wurde ihre Arbeit dabei gewürdigt. (weitere Informationen unter: www.ruthpfau.com)

Horizont e.V. – Jutta Speidel
Horizont e.V. ist eine Initiative für obdachlose Mütter und ihre Kinder. Der Verein wurde 1997 von der allein erziehenden Mutter und Schauspielerin Jutta Speidel gegründet. Mit Hilfe von Spenden wurde in München ein großes Wohnhaus und damit verbunden eine Anlaufstelle für obdachlose Frauen und Kinder gebaut. Pädagogische und psychologische Fachkräfte betreuen Mütter und Kinder, bis sie wieder zu einer eigenständigen Lebensführung und Gestaltung ihres Alltags in der Lage sind. (weitere Informationen unter: www.horizont-ev.org)

Kontexte

Wie soll das geschehen?

Wie soll das geschehen –
dass mein Mann mit Mitte Vierzig noch eine Arbeitsstelle findet?

Wie soll das geschehen –
dass mein Kind seinen eigenen Lebensweg geht?

Wie soll das geschehen –
dass meine beste Freundin von ihrer schweren Krankheit geheilt wird?

Wie soll das geschehen –
dass ich noch ein Kind empfangen und gebären kann, wo die ganze Lebenssituation doch dagegen spricht?

Wie soll das geschehen –
dass Gerechtigkeit und Menschlichkeit Einzug hält in meiner Arbeitsstelle, wo doch jeder nur auf sich schaut?

Wie soll das geschehen –
dass aus meiner eingefahrenen Beziehung wieder Liebe wird, die trägt?

Wie soll das geschehen –
dass ich noch die erhoffte Chance in meinem Leben bekomme?

Wie soll das geschehen –
dass alle Menschen dieser Erde in Freiheit, Wohlstand und Sorglosigkeit leben können?

Wie soll das nur geschehen?
Fragt Maria ungläubig erstaunt, als sie die Worte des Engels vernimmt.
Es spricht doch alles dagegen! Es scheint schier unmöglich zu sein!
Wie soll das nur gehen? Ich kann daran nicht mehr glauben!

Engel: Für Gott ist nichts unmöglich!

Für Gott ist nichts unmöglich?

Für Gott ist nichts unmöglich!

Mir geschehe!
Ich sprenge die Grenzen des Denkbaren!
Ich erweitere meinen Lebensrahmen!
Ich ziehe das Nicht-Vorstellbare in Betracht!
Ich nehme mein Leben in seiner Unverwechselbarkeit an!
Ich vertraue!
Mir geschehe nach deinem Wort!

(nach Lukas 1,26–38)

9. Im Alltäglichen Gott finden

Inmitten all der Kochtöpfe erwarte Euch der Herr.
Theresa von Avila (+1582)

Viele Menschen sind heute auf der Suche nach Gott. Die Zahl der Meditations- und Sinnfindungs-Seminare steigt sprunghaft an. Sich für ein paar Tage aus der Hektik des Alltags zurückzuziehen und sich ganz auf die Stille, die Meditation, die eigene Mitte konzentrieren zu können – wer wünscht sich das nicht? Doch für viele, gerade auch für Frauen in der Doppelbelastung von Beruf und Familie, bleibt dies ein frommer Wunsch. Andererseits ist in den Zeiten der höchsten Belastung durch die vielfältigen Anforderungen des Alltags der Wunsch nach einer persönlichen Gottesbegegnung am größten.

Fast neidisch lesen wir dann die Geschichte von Elija, der 40 Tage lang in die Wüste ging, um Gott zu finden. Oder von Jesus, der sich 40 Tage und Nächte in der Wüste auf sein öffentliches Wirken vorbereitet. Und von Wüstenvätern und Wüstenmüttern, die in der Stille und Abgeschiedenheit den Spuren Gottes nachgingen. Aber das ist keine Perspektive für die Durchschnittschristin. Dafür fehlt die Zeit und die Möglichkeit. Und oft bleibt nur der Seufzer: »Herr, segne dieses Chaos«. Unter diesem Titel haben zwei engagierte Christinnen vor dreißig Jahren Stoßgebete für (Haus-)Frauen zusammengetragen (Jo Carr, Imogene Sorley, Herr, segne dieses Chaos. Stoßgebete für Hausfrauen, Christliches Verlagshaus, Stuttgart 1971). »Bless this mess«, so der englische Originaltitel dieses Buches, kann uns auf die Spur führen, Gott im alltäglichen, in unserem ganz persönlichen Chaos zu finden.

Aber um Gott zu finden, braucht man nicht notwendigerweise in die Wüste zu gehen. Jesus zieht sogar die Alltagsarbeit oft heran, um das Reich Gottes zu beschreiben. Denn Gott ist im Alltag da, und er lässt sich im Alltag, auch im größten Chaos finden. Es kann eine gute Übung sein, nicht nur die Stille herbeizusehnen (so wichtig sie auch ist), sondern im Alltag nach Gott zu suchen.

1. Bibelstelle: Das Gleichnis vom Sauerteig (Lk 13,20–21)
Außerdem sagte er: Womit soll ich das Reich Gottes vergleichen? Es ist wie der Sauerteig, den eine Frau unter einen großen Trog Mehl mischte, bis das Ganze durchsäuert war.

Zum besseren Verständnis der Bibelstelle

Dieses Gleichnis steht im Kontext der Gleichnisse vom Reich Gottes, die von allen Evangelisten erzählt werden. Unmittelbar davor steht das Gleichnis vom Senfkorn, das als kleinstes Samenkorn einen großen Baum hervorbringt. Diese Gleichnisse wollen deutlich machen, dass das Reich Gottes bereits mit Jesu Kommen angebrochen und somit schon mitten unter den Menschen ist.

Brot backen mit Sauerteig – früher eine Alltagsarbeit der Frauen – ist bei einer großen Familie eine schwere Arbeit. Stellen Sie sich einen halben Zentner Mehl vor, den sie unter den Sauerteig kneten!

Wenn Jesus das Reich Gottes mit dem Sauerteig vergleicht, dann ist sein Vergleichspunkt die Kraft des Sauerteiges – die kleine Menge Teig, die die große Menge Mehl in Bewegung bringt, antreibt, lebendig macht. Christinnen und Christen sollen Sauerteig für die Gesellschaft sein: Einige wenige können viel bewirken.

Leonardo Boff spricht in seiner kleinen Sakramentenlehre vom Sakrament des selbst gebackenen Brotes. Ein Sakrament ist ein Zeichen der Liebe Gottes. In ein Brot, das selbst gebackenen ist, fließt die ganze Energie der Bäckerin mit ein, ihre Gedanken, ihre Wünsche, ihre Sorgen um die, für die sie dieses Brot bäckt, ihre Liebe. Und das macht dieses Brot zu etwas Besonderem, zu etwas, was es aus der Menge der Brote im Supermarkt heraushebt. Das selbst gebackene Brot ist ein Zeichen für all die Liebe, die Energie, die Gedanken, und so wird es zu einem Zeichen der Beziehung – das Brot ist eine Verbindung zwischen der Bäckerin und denen, die dieses Brot essen. Nicht nur der Sauerteig an sich ist das Bild für das Reich Gottes, sondern auch der Prozess des Knetens, des Mühens, des Sorgens. Darin manifestiert sich die Liebe Gottes zu den Menschen, darin manifestiert sich das Wachsen des Reiches Gottes.

Deutung

Mittlerweile wird nur noch wenig Brot selbst gebacken, in der Regel wird es fertig in den Bäckereien oder den Supermärkten gekauft. Und doch kennt jede den Unterschied zwischen dem Duft und dem Geschmack des selbst gebackenen Brotes und dem des in Plastikbeutel verpackten aus dem Geschäft.

Mit selbst gebackenem Brot verbindet sich oft eine ganze Welt von Erinnerungen und von Gefühlen. Selbst gebackenes Brot weckt die Assoziation an die Küche in der Kindheit, an den besonderen Geschmack des warmen Brotes, an die Gemeinschaft, in der das frische Brot angeschnitten oder gebrochen und gegessen wurde.

Ein selbst gebackenes Brot macht in unserer Familie das Abendessen zu einem besonderen Essen, und wenn eine Gruppe einen Weg miteinander gegangen ist, dann ist ein Abschlusstreffen mit

frisch gebackenem Brot immer ein Höhepunkt. Ein solches Brot stillt nicht nur den Hunger, es ruft auch Dankbarkeit hervor für die Gaben der Schöpfung und die Liebe und Arbeit der anderen Menschen.

Und das Brot ist das Zeichen der Gegenwart Gottes unter den Menschen. Es erinnert an das ungesäuerte Brot, das die israelitischen Frauen schnell buken, um nicht ganz ohne Nahrungsmittel und Proviant aufzubrechen in ein unbekanntes Land. Und Gott ist gegenwärtig in dem ungesäuerten Brot der Hostien.

In diesem Sinne ist auch Backen eine zutiefst meditative Tätigkeit, die uns Gott sehr nahe bringen kann. Im Alten Testament gibt es sogar eine Stelle, die Gott mit einer Bäckerin vergleicht.

Impulse für die Weiterarbeit und das Gespräch in Gruppen:

1. Schreiben Sie ein Elfchen (s. Methoden der Bibelarbeit, S. 115) oder ein anderes Gedicht zu diesem Thema. Ein Elfchen lässt durch die klare Vorgabe auch diejenigen kreativ werden, die sich sonst damit schwer tun.
2. Teilen Sie selbst gebackenes Brot und tauschen Sie nachher die Gedanken dazu aus.
3. Betrachten und meditieren Sie das Bild aus dem Misereor-Hungertuch von 1990: Die Frau, die den Teig knetet, inmitten von Ähren.
   Impulse zur Bildbetrachtung:
   - Was sehe ich – was fällt mir auf?
   - »Teig kneten« als Symbol: Was möchte ich in mein Leben immer wieder untermengen? Welcher Teig knetet sich schwierig für mich (Beziehungen – Lebensumstände)?
   - »Volle Ähren« am Rand des Bildes: Sehe ich Früchte meiner Arbeit? Welche Früchte erwarte ich?
   - In welcher Tätigkeit kann ich so selbstvergessen aufgehen wie die Frau auf dem Bild?

Brot backen
Knusperbraun
Mit meinen Händen
Und ganzer Kraft
Unterkneten – mengen – schaffen – formen
Lebensbrot!

Teig kneten
Und dabei an meine Kinder denken
Teig kneten
Und an M. denken
Er mag das Süße, vielleicht braucht er das Süße im Stress des Schulalltags
Teig kneten und an P. denken
Für ihn das Herzhafte, für den Sportler, der sich gerne beweist
Teig kneten und an meinen Mann denken
Er braucht stärkendes Brot in den Sorgen des Alltags
Teig kneten
Und meine Liebe hineinkneten
Meine guten Wünsche, meine Verbundenheit
Teig kneten – damit das Brot uns verbindet.

2. Bibelstelle: Das Gleichnis von der verlorenen Drachme (Lk 15,8–10)

Oder wenn eine Frau zehn Drachmen hat und eine davon verliert, zündet sie dann nicht eine Lampe an, fegt das ganze Haus und sucht unermüdlich, bis sie das Goldstück findet? Und wenn sie es gefunden hat, ruft sie ihre Freundinnen und Nachbarinnen zusammen und sagt: Freut euch mit mir, ich habe die Drachme wiedergefunden, die ich verloren hatte. Ich sage euch: ebenso herrscht auch bei den Engeln Gottes Freude über einen einzigen Sünder, der umkehrt.

Zum besseren Verständnis der Bibelstelle

Diese Bibelstelle steht im Lukasevangelium innerhalb der zehn Kapitel, die mit der Überschrift »Auf dem Weg nach Jerusalem« überschrieben sind. Sie sind die zentralen Kapitel dieses Evangeliums und machen Jesu Botschaft deutlich. Sie sprechen von der wahren Jüngerschaft und von der neuen Ordnung im Reich Gottes.

Im Kapitel 15 geht es besonders um die Zuwendung Gottes zu jedem Einzelnen, zu dem vermeintlich Verlorenen und Geringen. Die ausgewählte Bibelstelle steht im Kontext der »großen Brüder« dieser Bibelstelle: Das Gleichnis vom verlorenen Schaf und das Gleichnis vom verlorenen Sohn. Viele der folgenden Gleichnisse haben die gleiche Grundaussage: Gott sucht das Verlorene und achtet das Kleine.

In dieser Geschichte ist die Größenordnung dessen, was verloren ist, schon beachtlich: ein Zehntel des Vermögens. Rechnen wir nur mal ein Zehntel des Jahreseinkommens, also etwas mehr als ein Monatsgehalt. Wenn uns Geld oder ein Wertgegenstand in dieser Größenordnung abhanden kommt, dann fangen wir schon an intensiv zu suchen.

Deutung

Wie schnell ist im Alltag etwas verloren gegangen, verlegt worden? Jede von uns kennt den Ärger über Schlüssel, die nicht an ihrem Platz sind, Dokumente, die verschwinden – »Gerade war es doch noch da!« Vor allem in einem Haushalt mit Kindern wandern viele Dinge an immer neue Plätze.

Intensives Suchen – ein Bild dafür, wie Gott die Menschen, jeden einzelnen Menschen liebt. Intensives Suchen – sich nicht mit einem Ersatz zufrieden geben, sondern genau das Verlorene wieder finden wollen. Das ist auch eine Geschichte gegen den Trend der Zeit. Heute ist alles ersetzbar, alles wiederherstellbar, alles erneuerbar. Heute ist das Verlorene vielleicht sogar versichert und wird erstattet.

Aber darum geht es nicht. Es geht darum, das wieder zu finden, was zu mir gehört, was ich mir vertraut gemacht oder auch schwer erarbeitet habe. Im Parallelgleichnis ist es das verlorene Schaf, ein lebendiges Wesen.

An dem, was mir kostbar ist, festhalten – auch das ist biblische Botschaft im Alltag. Jede von uns hat ihre »Heiligtümer«, Dinge, die unendlich kostbar sind durch den symbolischen Wert, den sie für uns bedeuten. Das kann der Ehering sein, die Kette zur Geburt der Kinder, das erste Muttertagsgeschenk, die Muschel, die an den ganz besonderen Urlaub erinnert, ein Brief, der eine wertvolle Botschaft enthält … All das bringt uns zum Suchen.

So ein Suchen kann zur Glaubenserfahrung im Alltag werden. Wenn ich mir bewusst mache, dass Gott mich so sehr liebt, dass er mich mit noch größerer Kraft sucht als der, die ich nur für diesen verlorenen Gegenstand aufbringe, dann erahne ich, wie wichtig ich ihm bin. Eine Alltagserfahrung – und Gott ganz nahe!

Noch eine zweite Alltagserfahrung steckt in dieser Geschichte: Die Frau teilt ihre Freude – und vielleicht auch vorher ihre Sorge und ihren Ärger – mit ihren Freundinnen. Sie bleibt nicht allein mit ihren Gefühlen, sondern sie lässt die anderen daran teilhaben – ein Fest wird gefeiert, weil die Welt wieder ein Stück in Ordnung ist!

Impulse für die Weiterarbeit und das Gespräch in Gruppen

1. Textgespräch zum Gleichnis
   Jeder Satzteil des Gleichnisses wird auf ein Blatt Papier geschrieben, also:
   Wenn eine Frau zehn Drachmen hat
   und eine davon verliert,
   zündet sie dann nicht eine Lampe an, fegt das ganze Haus und sucht unermüdlich, bis sie das Goldstück findet?
   Und wenn sie es gefunden hat,
   ruft sie ihre Freundinnen und Nachbarinnen zusammen
   und sagt: Freut euch mit mir,
   ich habe die Drachme wiedergefunden, die ich verloren hatte.

Die einzelnen Sätze werden unsortiert ausgelegt. In einem ersten Schritt wird der Text in die richtige Reihenfolge gebracht. Dann wählt jede ein Blatt mit dem Satzteil, der ihr besonders wichtig ist. Für das anschließende Gespräch helfen folgende Gesprächsimpulse:

- Welche Situation spricht mich persönlich an?
- Wo hätte ich anders reagiert?
- Kenne ich eine ähnliche Erfahrung/eine Glaubenserfahrung?
- Was ist mir wichtig/heilig?
- Welche Erfahrungen teile ich mit meiner Familie/meinen Freundinnen?

2. Perspektivenwechsel: Die Dinge sprechen lassen
Jede sucht sich einen Gegenstand oder eine Person der Geschichte aus und gibt ihm/ihr eine Stimme:
Ich bin die Frau, die unglücklich ist, weil sie eine Drachme verloren hat ...
Ich bin die Drachme, die verloren gegangen ist ... .
Ich bin die Lampe, die leuchtet, auch in die verborgenen Winkel und Ritzen ...
Ich bin das Haus, das durchsucht wird ...
Wenn das Gleichnis aus der Perspektive eines Gegenstandes oder einer Person betrachtet wird, ergeben sich oft ganz neue Erkenntnisse!

3. Bibelzitate suchen oder verschenken
In der Bibel finden sich viele Stellen, die die Botschaft vermitteln: »Du bist von Gott geliebt«.
Zum Beispiel:
   - Jesaja 44,2: »So spricht der Herr, dein Schöpfer, der dich im Mutterleib geformt hat, der dir hilft: Fürchte dich nicht«.
   - Jesaja, 49,16a: »Sieh her: Ich habe dich eingezeichnet in meine Hände«.
   - Jesaja 66,13: »Wie eine Mutter ihren Sohn tröstet, so tröste ich euch.«

- Jesaja 46,4: »Ich bleibe derselbe, so alt ihr auch werdet, bis ihr grau werdet, will ich euch tragen. Ich habe es getan, und ich werde euch weiterhin tragen, ich werde euch schleppen und retten«.

Suchen Sie in einer stillen Arbeitsphase einige dieser Stellen heraus und tragen Sie sie anschließend in der Gruppe zusammen. Viele sind verwundert über den Reichtum an Ausdrucksweisen, Bildern und Vergleichen.

10. Frauen in der Kirche

Vorbotinnen
Plötzlich fällt es mir wie Schuppen von den Augen:
Frauen waren es, die zu den Männern eilten,
die atemlos und verstört die größte aller Nachrichten
weitersagten: Er lebt!
Stellt euch vor, die Frauen hätten
in den Kirchen Schweigen bewahrt!
Aus Schweden

Frauen leisten in den Gemeinden heute wichtige Arbeit: als Katechetinnen, Lektorinnen und Caritas-Sammlerinnen, beim Pfarrfest und in Ferienfreizeiten. Aber nicht nur als Ehrenamtliche engagieren sie sich, sondern auch als Pfarrsekretärinnen, Gemeindereferentinnen oder Erzieherinnen im kirchlichen Kindergarten. Der Dienst der Frauen ist wichtig und er wird gerne angenommen. Wenn es aber um schwerwiegende Entscheidungen geht und um die Gemeindeleitung, dann sind – zumindest in der katholischen Kirche – die Männer am Werk. In Verwaltungsräten überwiegt der Männeranteil, und Gemeinden werden vom Priester geleitet.

Vielen Frauen fällt es sogar schwer, ihre Rolle in der Kirche zu finden. Es kostet sie Überwindung, sich selbstbewusst im Altarraum zu bewegen. Sie überlassen lieber den Männern die Aufgaben, statt sich regelmäßig an der Frage zu stoßen: »Darf sie das denn, was sie da macht?« Viele sind verunsichert und nehmen sich deswegen zurück. Sie verstecken ihre Kompetenzen lieber als sie einzubringen.

Vielleicht liegt das auch daran, dass viele Frauen gar nicht wissen, welche Aufgaben Frauen in den ersten Gemeinden einst hatten. Sie leiteten Gemeinden und unterrichteten Missionare, sie bauten Basis-Stationen für die Missionsarbeit der Apostel und ihrer Frauen auf und sorgten dafür, dass die Gemeinden sich in ihren Häusern versammeln konnten. Frauen in der Urkirche waren – wie heute – oft die überzeugteren Christen. Sie setzten sich mit ihrer ganzen Person, mit ihrem Vermögen und all ihren Möglichkeiten, ja oft sogar mir ihrem Leben für das Evangelium ein.

Die Schriften des Neuen Testaments kennen alle diese Frauen. Wenn wir sie daraufhin durchlesen, stellen wir erstaunt fest, dass von fünfzig namentlich genannten Mitarbeitern des Paulus siebzehn

Frauen sind. Bekannter als diese Namen sind aber die frauenfeindlichen Äußerungen in den Paulusbriefen. Sie wurden in der Kirche ausreichend zitiert. Und unbekannt sind diese Frauen zum Teil auch deswegen, weil die Bibelübersetzungen ihre Namen noch immer – wider besseres Wissen – zu Männernamen umformt. Diese Frauen, ihre Charismen und ihre Aufgaben genauer in den Blick zu nehmen, kann für alle ermutigend sein, die ihre Verantwortung in der Kirche und der Welt wahrnehmen und sich dabei immer noch in einer Männerwelt bewegen.

Bibelstelle: Grüße und Ermahnungen (Röm 16,1–24)
Ich empfehle euch unsere Schwester Phöbe, die Dienerin der Gemeinde von Kenchreä: Nehmt sie im Namen des Herrn auf, wie es Heilige tun sollen, und steht ihr in jeder Sache bei, in der sie euch braucht; sie selbst hat vielen, darunter auch mir, geholfen. Grüßt Priska und Aquila, meine Mitarbeiter in Christus Jesus, die für mich ihr eigenes Leben aufs Spiel gesetzt haben; nicht allein ich, sondern alle Gemeinden der Heiden sind ihnen dankbar. Grüßt auch die Gemeinde, die sich in ihrem Haus versammelt. Grüßt meinen lieben Epänetus, der die Erstlingsgabe der Provinz Asien für Christus ist. Grüßt Maria, die für euch viel Mühe auf sich genommen hat. Grüßt Andronikus und Junias, die zu meinem Volk gehören und mit mir zusammen im Gefängnis waren; sie sind angesehene Apostel und haben sich schon vor mir zu Christus bekannt. Grüßt Ampliatus, mit dem ich im Herrn verbunden bin. Grüßt Urbanus, unseren Mitarbeiter in Christus, und meinen lieben Stachys. Grüßt Apelles, der sich in Christus bewährt hat. Grüßt das ganze Haus des Aristobul. Grüßt Herodion, der zu meinem Volk gehört. Grüßt alle aus dem Haus des Narzissus, die sich zum Herrn bekennen. Grüßt Tryphäna und Tryphosa, die für den Herrn viel Mühe auf sich nehmen. Grüßt die liebe Persis; sie hat für den Herrn große Mühe auf sich genommen. Grüßt Rufus, der vom Herrn auserwählt ist; grüßt seine Mutter, die auch mir zur Mutter geworden ist. Grüßt Asynkritus, Phlegon, Hermes, Patrobas, Hermas und die Brüder, die bei ihnen sind. Grüßt Philologus und Julia, Nereus und seine Schwester, Olympas und alle

Heiligen, die bei ihnen sind. Grüßt einander mit dem heiligen Kuss. Es grüßen euch alle Gemeinden Christi.

Zum besseren Verständnis der Bibelstelle:

Grüße und Ermahnungen sind der Schluss des Briefes, den Paulus an die Gemeinde in Rom schreibt. Paulus ist noch in Griechenland, plant aber, die Gemeinde in Rom zu besuchen. Von dort aus will er in Spanien eine neue Missionsarbeit beginnen.

Paulus macht sich auf diese Reise etwa in den Jahren 56 bis 58 n. Chr., so dass dieser Brief auf diese Zeit datiert werden kann. Er stellt sich der Gemeinde in Rom vor, die er noch nicht kennt und die ihn nicht kennt, und hofft so, dort gute Aufnahme und Unterstützung zu finden. Er schließt den Brief mit persönlichen Grüßen, die deutlich machen, welches Verhältnis Paulus zu seinen Mitarbeitern und Mitarbeiterinnen hatte. Mit jedem von ihnen verbindet ihn eine persönliche Erfahrung, oft eine Krisenerfahrung, wie z. B. mit Priska und Aquila, »die für mich ihr eigenes Leben aufs Spiel gesetzt haben«. Diese Grußliste macht auch deutlich, wie selbstverständlich die Frauen in den christlichen Gemeinden dazugehörten, denn solche Grußlisten sind üblicherweise nach der Bedeutung der Genannten angelegt.

Phoebe, unsere Schwester wird im Originaltext als Diakonisse der Gemeinde in Kenchreä (Hafenstadt von Korinth) bezeichnet. Das Wort Diakonisse lässt durchaus auf einen eigenständigen Dienst in der Gemeinde schließen, der über rein karitative Aufgaben hinausging und auch Leitungsfunktionen mit einschloss.

Priska und Aquila, sind ein judenchristliches Ehepaar, das zur Zeit der Judenvertreibung aus Rom fliehen musste und in Korinth mit Paulus zusammentraf. Sie waren enge Mitarbeiter des Paulus und gingen mit ihm zusammen nach Ephesus. Von ihnen wird berichtet, dass sie Apollos im Glauben unterrichteten, der später ein enger Mitarbeiter des Paulus wurde (vgl. Apg 19,24–26).

Andronikus und Junia sind ebenfalls ein Ehepaar, im Originaltext heißt es »hervorragend unter den Aposteln«. Bis zum Mittelalter war es selbstverständlich, dass Ehepaare und Frauen mit zum erweiterten Kreis der Apostel gehörten, die Kirchenväter selber loben Junia als hervorragend unter den Aposteln. In der Einheitsübersetzung der Bibel ist trotz besserem Wissen Junia wieder zu Junias, einem Mann geworden.

Tryhäna, *Tryphosa und Persis* werden gegrüßt mit dem Zusatz, dass sie große Mühe für den Herrn auf sich genommen haben. Diese Formulierung bedeutet, dass sie zusammen mit Paulus sich für die Ausbreitung des Evangeliums eingesetzt haben und missionarisch tätig waren.

Deutung

Diese Passage aus dem Römerbrief ist eine der Passagen, die vor Augen führt, was vielen gar nicht bewusst ist: Frauen hatten in der Frühen Kirche bedeutende Rollen und wichtige Aufgaben. Dass dies in klarer Linie mit der biblischen Tradition steht, haben die Texte in den vorhergehenden Kapiteln gezeigt. Letztendlich ist vom ersten Buch der Bibel, der Genesis, an von der Gleichbürtigkeit von Mann und Frau die Rede.

Doch der Blick darauf ist leider verstellt. Vielen ist zum Beispiel nicht bewusst, dass es zwei Schöpfungsberichte gibt. Bekannter und häufiger zitiert ist der zweite Schöpfungsbericht, in dem es heißt: »Gott, der Herr, baute aus der Rippe, die er vom Menschen genommen hatte, eine Frau und führte sie dem Menschen zu« (Gen 2,22). Im ersten Schöpfungsbericht aber klingt das anders: »Gott schuf aber den Menschen als sein Abbild; als Abbild Gottes schuf er ihn. Als Mann und Frau schuf er sie« (Gen 1,27). Hier wird eine andere Aussage über die Ebenbürtigkeit der Geschlechter getroffen.

Auch Jesus wendet sich der Frau zu. Anders als viele seiner Zeitgenossen wies er sie nicht ab, sondern wendete sich ihnen ebenso zu wie den Männern. Der letzte Abschnitt aus dem Römerbrief zeigt die Folgen: Frauen folgten Jesus genauso wie Männer, sie verkündeten die Frohe Botschaft und arbeiteten aktiv daran mit, Gemeinden aufzubauen und zu leiten.

Gerade in einer Zeit, in der sich das Frauenbild so stark wandelt, in der Frauen vor Herausforderungen und Unsicherheiten stehen, kann das Bild der Frau in der Bibel eine wichtige Unterstützung und Hilfe sein. Dazu ist ein unverstellter und unvoreingenommener Blick in die Texte notwendig.

Impulse für die Weiterarbeit und das Gespräch in Gruppen:

1. Lesen der Apostelgeschichte
   Frauen in der Frühen Kirche sind nach wie vor ein stiefmütterlich behandeltes Thema. Trotzdem kann es sehr reizvoll sein, sich mit diesen Frauen auseinander zu setzen. Dazu ist es spannend, die Apostelgeschichte mit wachen Augen zu lesen: Wo ist von Frauen die Rede? Was wird von Ihnen berichtet?
   Für eine Gruppenarbeit lohnt es sich, einzelne Kapitel der Apostelgeschichte auszuwählen und in kleineren Gruppen zu lesen. Anschließend können die Gruppen von ihren »Erkundungen« berichten.

2. Gruppengespräch: Frauen in der Kirche
   Ein Gespräch über tatsächliche und mögliche Aufgaben von Frauen in der Kirche kann sehr spannend sein. Dabei können folgende Impulsfragen helfen:
   - In welchen Aufgaben kann ich mir Frauen gut vorstellen?
   - Was denke ich über Frauen als Priesterinnen? Was spricht dafür? Was spricht dagegen?
   - Stellen Sie sich moderne Frauen vor – und geben sie ihnen biblische Namen und Aufgaben.

3. Einen Brief weiter schreiben
   Lesen Sie den Brief des Apostels Paulus an die Philipper (1,3–7) und schreiben sie ihn in diesem Sinne weiter.
   - Wen würden Sie in Ihrer Gemeinde grüßen? Wer ist wichtig in der Gemeinde?

- Welche Frauen schätzen Sie in der Gemeinde?
- Was schätzen Sie an diesen Frauen?

4. Lesen Sie die Pfingstpredigt des Petrus in der Apostelgeschichte (Apg 2,14–36)
   In Apg 2,17 werden Frauen und Männer gleichberechtigt als Propheten benannt.
   - Wie geht es Ihnen mit dieser Aussage?
   - Wie konkretisiert sich das im Alltag?

Kontexte

Herr meiner Seele!

Als du noch in dieser Welt wandeltest,
hast du die Frauen nicht verachtet,
sondern ihnen im Gegenteil
stets deine besondere Zuneigung erwiesen.
Fandest du doch in ihnen
ebenso viel Liebe
und mehr Glauben als bei den Männern.

Die Welt irrt,
wenn sie meint,
dass wir nicht öffentlich wirken dürfen
noch einige Wahrheiten aussprechen,
um derentwillen wir im Verborgenen weinen,
und dass du, Herr,
unsere gerechten Bitten
nicht erhören würdest.

Ich glaube das nicht, Herr,
denn ich kenne deine Güte und Gerechtigkeit,
denn ein gerechter Richter bist du

und nicht wie die Richter dieser Welt,
die als Söhne Adams, kurz, als Männer
jede gute Fähigkeit bei einer Frau verdächtigen.

Ich weiß,
dass der Tag kommen wird, mein König
da man einander erkennt.

Ich spreche hier nicht für mich selbst,
denn die Welt kennt meine Schlechtigkeit
und ich bin froh, dass sie bekannt ist.
Aber ich halte es in diesen Zeiten
für Unrecht, wenn man starke und
zum Guten begabte Geister zurückstößt,
nur weil es sich um Frauen handelt.

Theresa von Avila

Frauen in der Bibel entdecken

1. Methoden der Bibelauslegung

Bibel lesen! Aber wie? Unter welchem Blickwinkel sollte eine biblische Begebenheit aufgenommen werden? Ist ein biblischer Text als Offenbarung Gottes wortwörtlich so zu verstehen wie er geschrieben steht? Oder ist eine Übersetzung in unsere heutige Lebenswirklichkeit nötig? Wenn ja, wie kann eine solche Aktualisierung aussehen?

Die Kirche kennt verschiedene Gesichtspunkte, unter denen man biblische Texte lesen, interpretieren und sehen kann. Im Laufe einer über 2000-jährigen Kirchengeschichte war die Auslegung biblischer Texte immer wieder Thema und auch Diskussionsstoff. So wurde die Bibel immer auch im Kontext der Betrachter gelesen, die ihre Zeit, ihr Umfeld, ihren wissenschaftlichen Stand und ihre Spiritualität einbrachten. Nicht zuletzt wurde die Bibel viele Jahrhunderte durch die Brille der Päpste, Bischöfe und Priester gelesen und verkündigt. So ist es nicht verwunderlich, dass es seit der Entstehung der Bibel auch Diskussionen um die »richtige« Auslegung biblischer Texte gibt.

Um zu den Fakten und den Aussagen der Bibel vorzudringen, müssen die Leser sich zwanzig und dreißig Jahrhunderte zurück versetzen, und das ist nicht ohne Schwierigkeiten möglich. Die Probleme der Interpretation biblischer Texte sind mit dem Fortschreiten der Natur- und Geisteswissenschaften größer geworden. Doch werden alle Auslegungsversuche den biblischen Texten, den Schriftstellern und den Adressaten auch gerecht?

In ihrem Dokument »Die Interpretation der Bibel in der Kirche« beschäftigt sich die Päpstliche Bibelkommission mit den bis heute entstandenen und zur Zeit praktizierten Auslegungsmethoden und legt darin ihre Entstehung, eine Beschreibung der Methode und eine Bewertung vor. Hier geht die Kirche konstruktiv mit den verschiedenen Möglichkeiten der Bibelinterpretation um.

Auch für das vorliegende Buch und eine Auseinandersetzung mit biblischen Frauengestalten ist die Methode der Textauslegung von großer Bedeutung. Deshalb soll hier ein kurzer Überblick über mögliche Formen und eine genauere Beschreibung der hier angewandten Methoden gegeben werden.

Das Päpstliche Dokument spricht von sechs Zugängen und Methoden: Das sind erstens die *historisch-kritische Methode* und zweitens *neue Methoden der literarischen Analyse:* die rhetorische, die narrative und die semiotische Auslegung. Als Drittes werden die auf *Tradition gegründeten Zugänge* erwähnt. Darunter fallen die sog. Kanonkritik, die jüdische Interpretations-Tradition und der Zugang über die Wirkungsgeschichte eines Textes. Die vierte Einordnung beschäftigt sich mit den *humanwissenschaftlichen Ansätzen*. Dazu zählen der soziologische Zugang, die Kulturanthropologie und die psychologischen und psychoanalytischen Zugänge. Die fünfte Kategorie beschäftigt sich mit *kontextuellen Ansätzen*. Dazu zählen die befreiungstheologischen Ansätze und die feministische Bibelauslegung. Zuletzt benennt und bewertet das Dokument den *fundamentalistischen Leseansatz*.

Als Grundlage des vorliegenden Buches und der damit verbundenen Bibelarbeit wollen wir die historisch-kritische Methode, den psychologischen Ansatz, die befreiungstheologischen Überlegungen und die feministische Betrachtung näher erläutern.

Die historisch-kritische Methode

Die Ursprünge dieser Auslegungsmethode liegen bereits in der Antike. Sie gilt als unerlässliche Methode für die wissenschaftliche Erforschung des Sinnes alter Texte. So untersuchten bereits griechische Kommentatoren die klassische Literatur in ihren Ursprüngen. Für Bibeltexte entwickelte sich diese Leseart etwa 1800 als wissenschaftliche Disziplin. Wie bereits der Name aussagt, beschäftigt sich diese Untersuchung mit der historischen Entwicklung eines Textes. Sie rekonstruiert die Vergangenheit: Wer ist/sind die Schreiber vorliegender Texte? Wann ist der Text verfasst worden? In welchem Umfeld lebten die Verfassser und wer waren die Adressaten? Welche persönlichen Ziele und Inhalte, welche theologische Ausrichtung steht hinter einer Autorengestalt? Für wen schrieb er und als was war der Text gedacht? Sollte er eine Dokumentation von Erlebtem sein? Sollte er ein glorreicher Hymnus, ein Loblied sein, handelt es sich um eine sagenähnliche, mythische Geschichte – welche Textgattung liegt vor?

Viele Fragen, die die Untersuchung des historischen Prozesses der Entstehung eines biblischen Textes oft kompliziert und langwierig machen. Es ist eine kritische Methode, die die Hilfe anderer Wissenschaften und möglichst objektiver Kriterien voraussetzt. Es ist aber auch eine Methode, die im Laufe der Jahrhunderte zu einem tieferen Verständnis der Wahrheit der Heiligen Schrift verhalf.

Jedoch hat die Methode da ihre Grenze, wo über die historische Wahrheit hinaus nach dem Sinn des Textes für heute lebende Menschen gefragt wird. Sie beschränkt sich darauf, den Sinn hervorzuheben, den Verfasser und Redaktoren der damaligen Zeit ausdrücken wollten. Daher kann die historisch-kritische Betrachtungsweise dem Reichtum des Wortes Gottes allein kaum gerecht werden. Dennoch ist sie sehr wichtig zum Verstehen eines biblischen Sinnzusammenhangs.

Der soziologische und der psychologische Betrachtungsansatz

Die soziologische Betrachtungsweise hat schon lange Einzug in die Geschichte der Bibelauslegung (Exegese) gehalten und der historisch-kritischen Methode wichtige Impulse gegeben. Diese Methode fragt nach dem soziologischen und gesellschaftlichen Hintergrund einer biblischen Epoche, z. B.: Welche verschiedenen sozialen und religiösen Organisationsformen kannte das Volk Israel im Laufe seiner Geschichte? Oder: Was wissen wir heute über die soziale Struktur der ersten christlichen Gemeinden? Fragen, deren Beantwortung den Sinnzusammenhang eines biblischen Textes stärker erschließen.

Der psychologische oder psychoanalytische Ansatz betrachtet eine in der Bibel beschriebene Erfahrung oder Begebenheit als Lebenserfahrung damaliger Menschen und versucht eine Verknüpfung mit menschlichen Erfahrungen heute. Welche Verhaltensmuster damaliger Menschen treten zutage? Haben sie etwas mit unseren Verhaltensmustern heute gemein? Grundlage dieser Überlegungen ist das Wissen darum, dass Religion immer in einem Dialog- und Spannungsverhältnis zum Unbewussten eines Menschen steht. In religiösen Erfahrungen und Überzeugungen werden tiefschichtige Ängste, Hoffnungen, Sehnsüchte des Menschen deutlich. Besonderes Augenmerk legt die psychologische Auslegung auf die Symbolsprache der Bibel. Mit ihr kam ein verstärktes Symbolverständnis in die Betrachtung biblischer Texte. Damit öffnet die psychologische Sicht biblischer Ereignisse den Weg zu einer menschlichen Sprache der Offenbarung. »Interdisziplinäre Forschung, die von Exegeten und Psychologen oder Psychoanalytikern gemeinsam durchgeführt wird, bringt deshalb echte Vorteile mit sich, die objektiv begründet sind und sich in der Pastoral bewähren«, schreibt das päpstliche Dokument hierzu.

Befreiungstheologischer Leseansatz

Die Befreiungstheologie geht von der Überlegung aus, dass die Auslegung eines Textes immer von der Mentalität und der Situation des Lesers abhängt. Ein/e Leser/in wendet gewissen Aspekten besondere Aufmerksamkeit zu, andere vernachlässigt er/sie unbewusst. So sind im Kontext von Befreiungstheologie und Feministischer Theologie neue Auslegungsmethoden entstanden.

Die Befreiungstheologie entstand in den 1970er Jahren in Lateinamerika. Zwei große kirchengeschichtliche Ereignisse waren die Grundlage: Das Zweite Vatikanische Konzil (1962–1965) und die Vollversammlung des CELAM 1968, die die Ergebnisse des Konzils den Bedürfnissen Lateinamerikas anpasste. Die Bewegung verbreitete sich dann in Afrika und Asien und unter den farbigen Bevölkerungsgruppen Nordamerikas.

Die Befreiungstheologie liest die Bibel von eigenen sozio-kulturellen und politischen Standpunkten aus und bezieht sie auf die konkreten Bedürfnisse eines Volkes. »Man sucht (...) nach einem Verständnis, das aus der gelebten Situation des Volkes erwächst. Wenn dieses in Unterdrückung lebt, muss es auf die Bibel zurückgreifen, um die Nahrung finden zu können, die es in seinem Ringen und in seinen Hoffnungen unterstützt. Die konkrete Realität darf nicht ignoriert werden, im Gegenteil, sie muss direkt angegangen und durch das Licht des Wortes der Heiligen Schrift erhellt werden.« (S. 56) Die befreiungstheologische Bibellesung zielt auf eine gesellschaftliche Veränderungen zum Positiven, zum Gottgewollten und zum Menschenfreundlichen hin. Durch die vorgelebte Gerechtigkeit und Liebe in den Schriften der Bibel soll sich die konkrete Situation menschlichen Miteinanders heute verbessern.

Folgende Grundeinsichten treiben die Befreiungstheologie:

- Gott ist in der Geschichte seines Volkes. Er steht auf der Seite der Armen und duldet keine Ungerechtigkeit.
- Deshalb kann auch eine Exegese nicht neutral bleiben. Sie muss für die Armen Partei ergreifen und im Dienste der Befreiung Unterdrückter stehen.
- Wer sich für den Kampf für die Unterdrückten einsetzt, findet in der Bibel einen tiefen Sinngehalt. Dieser erschließt sich aber erst in seiner Tiefe, wenn die Bibel auch im Kontext der Solidarität mit den Unterdrückten gelesen wird.
- Die Armen sind der erste Adressat der Frohen Botschaft als Wort der Befreiung. Außerdem ist die Befreiung der Unterdrückten immer auch ein gemeinschaftlicher Prozess, und die Bibel ist für Gemeinschaften geschrieben.

Feministische Bibelauslegung

Die feministische Bibelauslegung entstand am Ende des 19. Jahrhunderts in den USA, gemeinsam mit dem Komitee der Bibelrevision im Zusammenhang mit dem Kampf für die Frauenrechte. Das Komitee brachte »The Woman's Bible« in zwei Bänden heraus (New York 1885, 1898). Ziel dieser Lesart ist es, gleiche Rechte vom Mann und Frau herauszustellen und dafür zu kämpfen. So versucht die feministische Auslegung einen Perspektivenwechsel: Sie versucht die biblischen Ereignisse aus der Sicht von Frauen zu betrachten und nicht unkritisch den Blick männlicher Autoren biblischer Texte zu übernehmen. Dabei erforscht sie die gesellschaftliche Stellung der Frauen in den verschiedenen biblischen Epochen und stellt vor allem die herausragende Bedeutung von Frauen in der frühen christlichen Kirche dar. Sie korrigiert patriarchale Übersetzungen, spürt weibliche Gottesbilder auf, macht »starke« biblische Frauen sichtbar und legte verdrängte Frauentraditionen frei. Abschließend schreibt das Päpstliche Dokument: »Die frauliche Sensibilität findet und korrigiert gewisse geläufige Interpretationen, die tendenziös waren und darauf hinausliefen, die Herrschaft des Mannes über die Frau zu rechtfertigen.« Dabei wirft die feministische Exegese »häufig die Machtfrage in der Kirche auf, die bekanntlich Gegenstand von Diskussionen und Meinungsverschiedenheiten ist.«

Feministische Exegetinnen arbeiten in dem Bewusstsein, dass die Botschaft des christlichen Glaubens besonders auch für Frauen Befreiung bedeutet, stand Jesus doch eindeutig, gegenläufig zum gesellschaftlichen Trend seiner Zeit, auf Seiten der Frauen und nahm sie gleichberechtigt ernst. Bekannte feministisch orientierte Theologinnen sind z. B. Bernadette Brooten, Virginia Mollenkott, Elisabeth Schüssler-Fiorenza, Luise Schottroff und Marie-Theres Wacker.

2. Methoden der Annäherung an einen Bibeltext

Verschiedene Formen des Bibelgesprächs

Die Annäherung an Frauengestalten in der Bibel kann von zwei unterschiedlichen Ausgangssituationen geprägt sein. Eine klassische Methode ist es, einen Bibeltext als Ausgangspunkt einer Annäherung oder eines Gespräches zu nehmen; d. h. eine biblische Perikope wird ausgewählt und in der Gruppe miteinander besprochen. Auf diese Art und Weise können sehr viele Bibelstellen kennen gelernt werden, ein ganzes Evangelium oder die verschiedenen Bibelstellen zu einem Thema miteinander angeschaut werden. Oft stellt sich aber auch die Frage nach einer passenden Bibelstelle aus der konkreten Lebenswirklichkeit heraus. Das heißt: Es gibt ein Lebensthema oder ein Thema in einer Gruppe und dazu wird eine Bibelstelle gesucht, die eine ähnliche Erfahrung aufgreift.

Für beide Zugänge gibt es verschiedene Methoden.

Das Bibelteilen

Das Bibelteilen hat sich in den letzten 15 Jahren auch im deutschen Sprachraum als häufig praktizierte Form des Bibelgespräches entwickelt. Diese Methode wurde vor mehr als 30 Jahren von Bischof Hirmer in Südafrika entwickelt, und zwar als Katecheseprogramm für Menschen, die meist nicht lesen oder schreiben können. Die ursprünglichen vier Schritte waren: Lesen der Bibelstelle, Wiederholen, Stille und persönlicher Austausch. In den kommenden Jahren wurden sie aus den Erfahrungen heraus zu vier verschiedenen Wegen ausgearbeitet.

Im deutschsprachigen Raum hat diese Methode eine schnelle und weite Verbreitung gefunden. Das liegt in der Zielvorstellung dieser Methode und ihrer einfachen Handhabung begründet. Die sog. »Sieben-Schritte-Methode« ist mittlerweile in fast allen Gemeinden beheimatet. Sie hat den großen Vorteil, dass keine Experten für

Exegese und Bibelkunde benötigt werden, sondern dass die Kompetenz der Teilnehmer für eine geistliche Erfahrung miteinander vollkommen ausreichend ist. Dennoch ist es hilfreich, auch um die Einbettung biblischer Texte in den Kontext ihrer Zeit zu wissen, denn eine geistliche Schriftlesung bzw. das Bibelteilen widersprechen nicht einer methodischen Auslegung, sondern ergänzen einander.

Die geistliche Schriftlesung geht davon aus, dass die Bibeltexte bis heute die Kraft haben, einen Menschen persönlich anzusprechen und Kraft und Hilfestellung für die Gestaltung des Alltags zu geben, aber auch für die gesellschaftlichen und politischen Herausforderungen. Es geht hier also nicht nur um eine persönliche Spiritualität des »stillen Kämmerleins«, sondern um eine Verbindung von Glauben und Leben, Besinnung und Handeln (Kampf und Kontemplation).

Die Methode des Bibelteilens umfasst vier verschiedene Wege, die auch die unterschiedlichen Zugangsweisen berücksichtigen.

Die Sieben-Schritte-Methode und das »Bibel-Teilen als Lebensspiegel« gehen vom Bibeltext aus, das »Bibel-Teilen als Sehen-Hören-Handeln« und »Bibel-Teilen als Deuten der Zeichen der Zeit« von einer aktuellen Lebenssituation.

Die sogenannte »Sieben-Schritte-Methode«

Diese Methode ist die ursprüngliche Form des Bibelteilens und die Grundlage aller anderen Wege.

Folgende Schritte haben sich in den Gruppen bewährt:

1. ***Einladen**: Wir laden den Herrn ein.*
   Wir werden uns bewusst, dass der Herr in unserer Mitte ist.
   kurzes Gebet (vorgebetet oder gemeinsam), evtl. ein Lied

2. ***Lesen:** Wir lesen den Text.*
   Wir schlagen in der Heiligen Schrift das Buch … /das Evangelium … / den Brief…/das Kapitel … auf.
   Wer möchte die Verse … bis … vorlesen?

Wenn alle Gruppenteilnehmerinnen die Schriftstelle aufgeschlagen haben, liest eine/r den Text vor.

3. ***Verweilen:*** *Wir verweilen beim Text.*
Wir suchen nun Worte oder kurze Sätze aus dem Text heraus und sprechen sie mehrmals laut und betrachtend aus.
Indem der Text noch einmal betrachtend wiederholt wird, werden die Perlen des Textes deutlich. Einzelne Worte oder Satzteile können durchaus mehrmals laut wiederholt werden, so dass der Text in seiner ganzen Fülle noch einmal wirken kann. Zum Abschluss wird der Text noch einmal im Zusammenhang, d. h. als Ganzes vorgelesen.

4. ***Schweigen:*** *Wir lassen Gott zu uns sprechen.*
Nun werden wir für … Minuten ganz still und lassen in der Stille Gott zu uns sprechen.
Nachdem der Text noch einmal im Zusammenhang gelesen wurde, bleibt eine fest gesetzte Zeit (z. B. 5 Minuten) Stille, damit Gott zu uns Menschen sprechen kann. Diese Zeit kann jede nach ihren eigenen Bedürfnissen nutzen. Manche wiederholen einfach das Wort, das sie angesprochen hat; andere versetzen sich in das Geschehen hinein. Ziel dieser Zeit der Stille ist, in der Gegenwart Gottes zu verweilen.

5. ***Austauschen:*** *Wir teilen (mit), was uns berührt.*
Welches Wort hat uns persönlich angesprochen?
Hier soll keine »Predigt«, keine Diskussion abgehalten werden, sondern die einzelnen teilen mit, wie ein bestimmtes Wort sie angesprochen hat. Es geht um das persönliche Glaubenszeugnis und nicht um intellektuelle Einsichten. Hier passiert »Glaubenskommunikation«, hier kann eine der anderen Zeugnis ihres Glaubens geben. Wichtig ist, alle Beiträge anzunehmen ohne sie zu diskutieren oder gar zu korrigieren.

6. ***Handeln:*** *Wir besprechen, was der Herr von uns will.*
Wir wollen unser Leben und unsere Arbeit im Licht des Wortes

Gottes ansehen. Gruppen, die sich regelmäßig treffen, können überlegen, ob der biblische Text sie zu einer konkreten Aufgabe in der nächsten Zeit herausfordert. Eine andere Brücke zwischen dem biblischen Text und dem Leben ist das »Wort des Lebens«. Das »Wort des Lebens« wird aus dem vorliegenden Text ausgewählt (individuell oder gemeinschaftlich) und die Teilnehmerinnen werden eingeladen, sich bis zum nächsten Treffen immer wieder an dieses Wort des Lebens zu erinnern.

7. ***Beten:*** *Wir beten.*
   Jeder der Gruppe kann frei beten, was ihn oder sie freut oder am Herzen liegt.
   Den Abschluss bildet ein gemeinsam gesprochenes »Vater unser« oder ein anderes bekanntes Gebet bzw. Lied.

Bibelteilen als Lebensspiegel

Bei dieser Methode des Bibelgespräches wird die Heilige Schrift als Spiegel gesehen, in dem der/die Einzelne ihr Leben – wie in einem Spiegel – wiederentdecken kann. Hierbei geht es darum, den Blick für die Wirklichkeit um uns herum zu schärfen und dabei Gottes Willen zu erkennen.

In der Bibel sind die Urerfahrungen der Glaubenden mit ihrem Gott niedergeschrieben. Sie können hilfreich sein, um heutige Erfahrungen aus christlicher Perspektive zu beurteilen.

1. ***Einladen:*** *Wir laden den Herrn ein.*

2. ***Lesen:*** *Wir lesen den Text*

3. ***Sehen:*** *Im Gespräch mit ihrer Nachbarin überlegt jede:*
   An welche Situationen/Probleme erinnert mich dieser Text?
   Gibt es ähnliche Situationen/Probleme in meinem Umfeld oder in der Gesellschaft?

Dem Zweiergespräch kann eine kurze Zeit der Einzelbesinnung vorausgehen.
Insgesamt braucht dieser Schritt nicht mehr als fünf bis acht Minuten Zeit.
Anschließend werden die Ergebnisse der Kleingruppe im Plenum mitgeteilt.
In der Großgruppe wird überlegt, welche Situation oder welches Problem im nächsten Schritt besprochen werden soll.

4. ***Hören:** In der kommenden Zeit des Schweigens (… Minuten) fragen wir uns:*
Was sagt uns Gott zu unserem Problem? Was sagt er uns in diesem Text?
Anschließend tauschen wir uns mit unserer Nachbarin darüber aus, was Gott uns zu diesem Problem rät.
Die konkreten Situationen unserer Welt mit den »Augen Gottes« zu sehen, erscheint zunächst recht schwierig. Doch in einer Gruppe kommt immer auch der »gesunde Glaubenssinn« zum tragen, der sich an der Gesamtbotschaft der Heiligen Schrift orientiert und am Gesamtglauben der Kirche. So ist es durchaus möglich und legitim, die Heilige Schrift zum Deuten der »Zeichen der Zeit« zu nutzen und unseren Alltag als Anruf Gottes zu verstehen.
Die Gesprächsergebnisse der Kleingruppen werden wieder in die Großgruppe eingebracht.

5. ***Handeln:** Wir fragen uns: Welches Handeln erwartet Gott von uns?*
Hier können konkrete Projekte (in überschaubaren Schritten und Dimensionen) überlegt werden oder auch eine Umsetzung in der Liturgie, im Sonntags- oder Frauengottesdienst erfolgen.

6. ***Beten:** Zum Abschluss beten wir gemeinsam das »Vater unser«*

Bibelteilen – »Sehen-Hören-Handeln«

Diese Methode geht von der Lebenswirklichkeit und den Fragen heutiger Menschen aus und betrachtet dazu das, was die Bibel sagt. Sie eignet sich besonders für die Beschäftigung mit aktuellen Geschehnissen, die die Teilnehmerinnen betreffen. Diese Erfahrungen werden im Licht des Evangeliums betrachtet.

Erster Schritt ist dabei das »Sehen« = die tägliche Lebenserfahrung, zweiter Schritt das »Hören« = das, was Gott durch die Bibel sagt, dritter Schritt das »Handeln« = das Handeln in der Gemeinschaft.

1. ***Einladen:***
   Wir laden den Herrn zu uns ein …

2. ***Sehen:***
   Im zweiten Schritt werden die Teilnehmerinnen einer Gruppe gebeten, über eine Erfahrung der jüngsten Zeit kurz zu berichten. Diese kann aus unterschiedlichen Lebensbereichen sein. Anschließend entscheidet sich die Gruppe für ein Ereignis und betrachtet dieses näher. Hilfreiche Fragen können dabei sein:
   - *Was ist genau geschehen? Welche Tatsachen sind bekannt? Können wir mehr über das Ereignis erfahren?*
   - *Warum ist das geschehen? Welche Gründe können dazu geführt haben?*
   - *Wie denken die Einzelnen in der Gruppe über dieses Ereignis?*

3. ***Hören:***
   In den folgenden (3–5) Minuten der Stille hören wir auf Gott und versuchen das Ereignis mit den Augen Gottes zu sehen. Wir überlegen, wie Gott wohl darüber urteilen mag. Anschließend tauschen wir uns über unsere Erkenntnisse aus.
   In diesem Schritt erinnert sich die Gruppe an Worte und Geschehnisse, die ihnen aus der Bibel bekannt sind. Jede Teilnehmerin gibt ihre Erinnerungen in die Gruppe. Bedeutsame Worte aus der Bibel können an dieser Stelle auch wortgetreu

vorgelesen werden. Wenn es verschiedene Auffassungen über den Willen Gottes zu dieser Situation gibt, dann ist das eine Aufforderung zu vertieftem Gebet und Studium der Bibel. Der Wille Gottes lässt sich nicht durch Abstimmung erkennen.

4. ***Handeln:***
Was sollen wir nach Gottes Willen tun? Was will er von uns als Gemeinschaft?
An dieser Stelle kann die Gruppe gemeinsam überlegen und besprechen, wie ein Handeln nach Gottes und Jesu Christi Wille in diesem konkreten Fall aussehen könnte. Eventuell kann ein gemeinsames Handeln überlegt und geplant werden.

5. ***Beten:*** *Alle sind eingeladen, mit einen freien oder gemeinsamen Gebet abzuschließen.*

Die Västeras-Methode

Diese Methode der biblischen Gesprächsführung wurde in der schwedischen Stadt Västeras entwickelt.

Sie setzt voraus, dass jede den Text zur Hand hat, möglichst als Kopie.

Der Abschnitt eines biblischen Textes wird laut vorgelesen. Anschließend wird etwas Zeit gelassen und der Text noch einmal in Stille gelesen. Nach dem Lesen des Textes kann der Text mit folgenden Symbolen markiert werden:

- Pfeil: Das hat mich besonders getroffen
- Fragezeichen: Das verstehe ich nicht
- Ausrufezeichen: Das will ich besonders beachten, oder: Da ist mir ein Licht aufgegangen; das Rufzeichen kann auch als umgekehrte Kerze gemalt werden.

Über die einzelnen Symbole kommt die Gruppe dann miteinander ins Gespräch.

Stummer Dialog

Der stumme Dialog ist ein meditativer Einstieg in ein Bibelgespräch. Auf verschiedenen Plakaten werden Aussagen oder Fragen zum biblischen Text aufgeschrieben. Die Plakate liegen in verschiedenen Ecken oder auf verschiedenen Tischen bereit.

Nachdem der biblische Text ein- oder evtl. mehrmals vorgelesen wurde, werden die Teilnehmerinnen eingeladen, sich zu den Aussagen der Plakate schriftlich zu äußern. Dabei sollte nicht gesprochen werden. Meditative Musik im Hintergrund kann dabei hilfreich sein. Möglich ist es auch, auf Aussagen der Teilnehmerinnen (schriftlich) zu antworten. Wenn die vereinbarte Zeit vorbei ist, oder die Schreiblust nachgelassen hat, haben alle Zeit, die verschiedenen Plakate noch einmal in Ruhe zu lesen.

Anschließend kann in der Gruppe thematisiert werden:

- Welche Aussagen waren für mich besonders wichtig?
- Was ist mir heute an diesem Text deutlich geworden?

Sinnvoll ist auch eine feed-back-Runde zur Frage: Wie ist es mir mit dieser Methode ergangen?

Das Wort, das mich (be-)trifft

Einzelne Textstellen oder Zitate zu einem vorher festgelegten Thema werden vervielfältigt und auf einem großen Tisch oder auf dem Boden ausgebreitet. Anschließend werden von den Teilnehmerinnen die Texte ausgewählt, die sie entweder zu dem Thema ansprechen bzw. wichtig sind – oder die sie ärgern oder ablehnen. Nachdem jede ihre Wahl getroffen hat, können je nach Gruppengröße die Texte in der Großgruppe oder in Zweier- oder Dreiergruppen besprochen werden. Diese Methode macht deutlich, wie unterschiedlich die Zugänge zu einem bestimmten Thema sein können. Dies ist abhängig von Alter, Lebens- und Glaubensgeschichte, aber auch von der Gewichtigkeit oder dem Akzent, den das Thema für mich hat.

Alternative: Nach dem Vorlesen eines biblischen Textes wählt sich jede Teilnehmerin ein Wort aus und schreibt dieses Wort auf ein großes Blatt Papier. Jede Teilnehmerin stellt dann ihr Wort in der Runde vor und legt es in die Mitte des Kreises. Anschließend wird der Text ein zweites Mal gelesen, dann beginnt ein gemeinsamer Austausch über den Text.

Bibelarbeit mit Tüchern: Visualisierung biblischer Geschichten

Für die Gruppenarbeit eignen sich auch sehr gut verschiedene Methoden der Visualisierung biblischer Geschichten. Dies gelingt besonders gut bei Erzählungen. Wenn eine Gruppe im Kreis sitzt und der biblischen Erzählung zuhört, können die einzelnen Erzählschritte oder Stationen der Erzählung sichtbar gemacht werden.

Eine Möglichkeit ist es, mit bunten Tüchern, Legematerial und Symbolen zu arbeiten.

Dabei werden Wege oder Orte, z. B. Häuser mit bunten Tüchern gestaltet in die Mitte gelegt. Eine brennende Kerze kann Jesus symbolisieren. Die Kerze »wandert« dann jeweils weiter, wenn Jesus von Ort zu Ort geht. Die verschiedenen Orte oder Situationen können mit Hilfe von Symbolen oder Dekoelementen ausgeschmückt und so in ihrer Bedeutung dargestellt und vertieft werden.

Ein Beispiel: In der Geschichte von Maria und Marta kann zunächst der Weg, den Jesus und seine Jünger zum Haus der beiden Schwestern gehen, gelegt werden. Das Haus kann aus einem hellen Tuch mit zwei umgeschlagenen Ecken (so entsteht ein Dach) gestaltet werden. Wenn Jesus (Symbol Kerze) ins Haus kommt, kann die Unterschiedlichkeit von Maria und Marta durch zwei Symbole verdeutlicht werden, z.B. ein Brot und ein Buch, Geschirr und ein Bild von einem Ohr o. ä. In einer Gruppe können die Teilnehmerinnen dann erspüren, von welchem Symbol sie sich angezogen fühlen, und dieses evtl. mit Dekomaterial verzieren.

Eine andere Möglichkeit ist die Gestaltung einer Geschichte mit sogenannten »Egli-Figuren« oder biblischen Erzählfiguren. Das sind ca. 20 bis 30 cm große, vollbewegliche Figuren, die in Kursen selbst hergestellt werden. Mit diesen Figuren können einzelne Szenen nachgestellt werden, wobei besonders die Haltung der einzelnen Figuren und ihre Zuordnung zueinander wichtig ist. Vieles an Emotionen kann so bildhaft ausgedrückt werden, z. B. wie hat Elisabet wohl Maria empfangen, als sie zu Besuch kam? Hatte sie offene Arme, umarmten sich die beiden Frauen, waren die Hände zum gemeinsamen Lob erhoben? Über die verschiedene Gestaltung dieser Szene kann dann ein Austausch in der Gruppe stattfinden, in dem deutlich wird, was jeder Frau an dieser Szene wichtig ist. Solch eine Szene kann natürlich auch ihren Platz in einer Gebetsecke finden und so über längere Zeit zur Betrachtung (und vielleicht zu Veränderungen) anregen.

Möglich ist auch die Betrachtung eines Bildes. Viele Künstlerinnen und Künstler aller Epochen haben sich mit Bibeltexten beschäftigt und einzelne Szenen ins Bild gestzt. Es ist spannend, sich auf ein Bild einzulassen, um die Aussage des Künstlers oder meine eigenen Gedanken darin zu entdecken. Für eine Bildbetrachtung sind folgende Fragen hilfreich:

- Was sehe ich? – Zunächst ohne Deutung wahrnehmen, was da ist.
- Wie wirkt das Bild auf mich? – Was empfinde ich?
- Woran erinnert mich das Bild? – Assoziationen bzw. Deutungen können gesammelt werden.

Evtl. kann ich mir meinen Platz in diesem Bild suchen: Wo stehe ich? Finde ich mich in einer der Personen wieder? Wo würde ich mich gerne in dieser Situation aufhalten?

Diese Bildbetrachtung kann mit einem kurzen Gebet oder mit dem (nochmaligen) Lesen des Bibeltextes abgeschlossen werden oder in die Identifikation mit einer biblischen Gestalt durch Schreiben einer »Ich-Erzählung« einmünden.

3. Methoden weiterführender Bibelarbeit

Die Bibel bietet eine Vielfalt von Sprachgattungen und ist damit ein Beispiel an Kreativität und Vielfalt. So kann sie unterschiedlichste Menschen unterschiedlichster Zeit und Kultur erreichen. Auch wir heute benötigen verschiedene Methoden und Techniken, uns biblische Texte neu zu erschließen und in unser heutiges Leben zu integrieren. Die hier vorgestellten kreativen Methoden verhelfen zu einem intensiveren Auseinandersetzen mit und Verweilen bei einem biblischen Text, so dass ganz persönliche Erfahrungen stattfinden können. In einer Gruppe können solche Erfahrungen, wenn sie gemeinsam gesucht und gemacht werden, die Gemeinschaft sehr bereichern.

Außerbiblische Literatur als Einstieg in biblische Texte

Zahlreiche Dichter und Schriftsteller haben sich von biblischen Schilderungen zu eigenem literarischen Schaffen anregen lassen. Oft bieten sich solche Texte an, um den Einstieg in die eigentliche Bibellektüre zu finden. Diese Fremdtexte motivieren zum Nachschlagen, Vergleichen und Nachdenken. Häufig stellt sich heraus, dass die vermeintlich bekannten »Ursprungstexte« der Bibel gar nicht so bekannt sind. Ein verfremdeter Text kann so auch in einer Gruppe als Gesprächseinstieg dienen. Danach sieht man einen biblischen Text oft mit ganz anderen Augen. Zu solchen Texten findet sich eine Menge an Literatur.

Biblischen Text in Sinnzeilen schreiben

Mit dieser Methode kann man sich einem Text sehr gut annähern, ihn sich vertraut machen und ihn durch das Schreiben verinnerlichen. Der ausgewählte Text wird abgeschrieben, wobei mit jeder neuen Sinneinheit eine neue Zeile beginnt. Dabei muss eine Sinnzeile nicht mit Sätzen oder Versen identisch sein. Die neue

Anordnung des Textes wird so schon zur Interpretation. Eine hilfreiche Frage hierzu kann sein: Welche Aussage, welches Wort halte ich für so bedeutsam, dass ich ihm eine eigene Zeile bewillige?

Die Methode kann natürlich auch als Einstieg in ein Gruppengespräch gewählt werden. Hierzu schreiben alle Teilnehmerinnen den Text für sich ab. Die Texte können anschließend nebeneinander gelegt und betrachtet werden und schließlich in ein Gespräch münden.

Bibel verinnerlichen

Bei dieser Methode werden biblische Texte rezitiert und so auch in den tiefen Schichten unseres Bewusstseins verinnerlicht. Hierzu werden Mut machende und zusprechende Bibelworte ständig leise wiederholt. Während des Sprechens geht man langsam und im Rhythmus des Sprechgesangs durch den Raum.

Das Gehen mit gleichzeitigem Rezitieren hat eine lange Tradition in der Religionsgeschichte.

Im christlichen Raum ist die Form des Herzensgebets bekannt, in der Gebets- und Glaubenssätze im Alltag immer wieder wiederholt werden. Wenn ein solches Tun zur Gewohnheit wird, wirkt es beruhigend und sammelnd. Der rezitierte Text bekommt tragende Kraft in unserem Denken und Tun. Diese Methode ist für einen einzelnen Menschen genauso fruchtbar wie für eine Gruppe.

Zum Einstieg empfiehlt es sich, zunächst nur nach rechts und links oder vorne und hinten zu wiegen. Dann beginnt man langsam mit dem rhythmischen Sprechen und Gehen. Eine lockere und aufrechte Haltung ist dabei wichtig.

Beispiele für geeignete Texte sind z.B. Psalmverse des Alten Testaments, etwa »Meine Stärke und mein Lied ist der Herr, er ist für mich zum Retter geworden.« (Ps 118,14). Auch Teile des Magnifikats bieten sich an: »Meine Seele preist die Größe des Herrn. Er denkt an sein Erbarmen.«

Kreatives Schreiben und Malen

Schreiben oder Malen ruft gerade bei erwachsenen Menschen oft Widerstände und ungute Gefühle hervor. Wichtig ist es daher, konkrete Hilfen, Techniken und einfache Grundmuster an die Hand zu geben, die ein solches Tun leiten und erleichtern. Dann kann ein solcher Umgang mit biblischen Texten zum Ausdruck innerster Gefühle und Sehnsüchte werden.

Ein Fünfzeilen-Gedicht schreiben

Im Anschluss an die Auseinandersetzung mit einem biblischen Text, kann man ein sog. Fünfzeilengedicht verfassen. Da es aus elf Wörtern bestehen soll, wird es auch *Elfchen* genannt. Dazu gibt es feste Regeln:

1. Zeile: Titel (ein Hauptwort, ein Wort, das Thema des Gedichts),
2. Zeile: Zwei Wörter, die den Titel näher beschreiben,
3. Zeile: Drei Wörter, die ein Handeln, Tun oder Sein in Bezug zum Titel beschreiben,
4. Zeile: Vier Wörter, die die persönlichen Empfindungen und Gefühle in Bezug auf den Titel des Gedichtes beschreiben,
5. Zeile: Wiederum ein Wort, das sich auf den Titel des Gedichtes bezieht.

Beispiel: Geborgenheit
Schutzraum Gottes
Mich ganz umgebend
Grund unter den Füßen
Jesus

Grafische Gestaltung eines zentralen biblischen Begriffs

Mit dieser Methode lassen sich biblische Begriffe während einer meditativen Gestaltungsphase erkennen, verstehen und verinnerlichen. Dazu wird zu einem Begriff ein Symbol gesucht. Dieses

Symbol wird aufgezeichnet, evtl. ausgeschnitten und mit dem Begriff gefüllt. Etwa wird zum Begriff »Frieden« eine Taube aufgezeichnet und das Wort Frieden ganz oft hinein geschrieben. Oder es wird eine Kerze gezeichnet und mit dem Wort »Licht« gefüllt.

Möglich ist auch, das Wort während des Schreibens zu meditieren und Begriffe aus derselben Wortfamilie zu suchen. Diese kann man dann aufschreiben und das Symbol damit füllen (z. B. friedlich, friedvoll, befriedet …).

Alternativ: Ein Bibeltext wird vorgelesen. Anschließend wird in einer Stille wahrgenommen, welches Wort oder welcher Satz aus dem Text nachklingt. In einer Gruppe können die Begriffe oder Textteile genannt werden. Anschließend wird auf einem weißen Blatt das Bibelwort oder mehrere Wörter kunstvoll gestaltet. Hierzu können verschiedenartige und verschiedenfarbige Stifte zu Verfügung gestellt werden oder ein breiter Federstift mit Tinte.

Annäherung an biblische Gestalten

Besonders bei handlungs- und personenreichen Erzählungen oder aber bei sehr bekannten Bibelgeschichten kann die Identifikation mit einer der Personen eine spannende und hilfreiche Annäherung sein. Nachdem der biblische Text gelesen wurde, entscheidet man sich für eine der Figuren, mit der man sich ausführlicher auseinander setzen will. Dann wird der Text noch einmal gelesen, und zwar mit besonderem Augenmerk auf die ausgewählte Person. In einem nächsten Schritt wird die vorgegebene Geschichte dann neu erzählt: aus der Perspektive der gewählten Person.

So kann z. B. Maria von Magdala erzählen, wie sie den Spaziergang zum Grab Jesu erlebt hat. Wie ist es ihr ergangen, als sie feststellen musste, dass das Grab leer ist? Was wird wohl in ihr vorgegangen sein? Welche Gedanken, Erinnerungen, Gefühle sind ihr durch den Kopf gegangen? Oder: Sara und Hagar erzählen jeweils aus ihrer Perspektive die Auseinandersetzung um die Anerkennung durch Abraham: Wie fühlt sich Sara, als sie von Hagars

Schwangerschaft erfährt? Wie fühlt sie Hagar, als sie von Sara verstoßen wird? Wie stellt sie sich das Leben mit ihrem Kind in der Zukunft vor?

Solch eine Betrachtungsweise fördert die persönliche Auseinandersetzung mit dem Text, es entsteht eine Beziehung zu den biblischen Figuren und manchmal auch neues Verständnis für die oft sehr knapp beschriebenen biblischen Situationen. Wenn dies in einer Gruppe geschieht, können die verschiedenen Erzählungen anschließend vorgelesen werden.

Alternative Schreibmeditation: Eine im Bibeltext auftauchende Haupt- oder auch Nebenperson schreibt die Eindrücke eines Ereignisses oder einer Begegnung in ihr Tagebuch.

In einer Gruppe können anschließend die Tagebucheinträge vorgelesen werden und als weiterer Gesprächseinstieg dienen.

Bibel und Körperwahrnehmung

Biblische Texte betreffen uns nicht nur kognitiv, sondern oft in unserer ganzen Person mit Leib und Seele. Daher ist es eine besondere Form, uns einen biblischen Text mit unserem ganzen Körper zu erschließen.

Hierzu wird ein biblischer Text vorgelesen (z. B. die Schöpfungserzählung oder eine Heilungsgeschichte Jesu oder ein hymnischer Text etwa aus dem Buch Kohelet). Anschließend spürt jede Teilnehmerin in Stille nach, welches Wort in ihr nachklingt, und überlegt sich zu diesem Wort eine Körpergeste. In einer Runde benennt jede ihr Wort und stellt ihre Geste vor. Alle Gruppenteilnehmerinnen wiederholen gemeinsam das Wort und die Geste. Die nächste Teilnehmerin schließt ihr Wort an. Diese Übung sollte sehr ruhig, meditativ und aufmerksam ablaufen. Sind alle Wörter genannt und alle Übungen gemacht worden, wird der Text noch einmal komplett vorgelesen. Anschließend kann evtl. in ein Gespräch übergeleitet werden.

Meditatives Tanzen

Ein körperorientierter Zugang zu biblischen Geschichten ist das Tanzen. Biblische Geschichten finden sich wieder in gebundenen, meditativen Tänzen, die biblische Erfahrungen zum Ausdruck bringen wollen, aber auch in vielen israelischen Tänzen, die sich auf Psalmverse und Bibelworte beziehen und mit ihren Haltungen Lob, Dank, Klage usw. ausdrücken.

Eine Möglichkeit des tänzerischen Ausdrucks ist es, sich eine passende Instrumentalmusik zu suchen und dazu die den Text bestimmenden Emotionen und Gefühle auszudrücken: Lob und Freude kann sich in erhobenen Armen und einer schnellen (Dreh-) Bewegung ausdrücken, Klage in einer Bewegung der verschränkten Arme oder des Zusammenkauerns, das Unterwegssein in schnellen kleinen Schritten usw. Hier ist das persönliche Empfinden wichtig.

Frauen in der Bibel

Eva – die Frau am Anfang

Gen 1,26-29	Erschaffung des Menschen in der ersten Schöpfungsgeschichte
Gen 2,4b-25	Erschaffung des Menschen in der zweiten Schöpfungsgeschichte
Gen 3,1-24	Der Fall des Menschen
Gen 4,1-2	Die Geburt von Kain und Abel

Sara und Hagar

Gen 12,1-3; 10-20	Abram und Sara in Ägypten
Gen 15,1-6	Verheißung der Nachkommenschaft
Gen 16,1-16	Hagars Geschichte, Ismaels Geburt
Gen 17,15-22	Die Verheißung des Sohnes an Sara
Gen 18,1-33	Besuch der drei Männer bei Abraham und Sara – Sara lachte
Gen 20,1-18	Abraham gibt Sara als Schwester aus
Gen 21,1-8	Geburt Isaaks
Gen 23,1-20	Tod und Begräbnis Saras

Lots Frau und Töchter

Gen 18,20-33;	Jahwes Klage über Sodom
Gen 19,1-38	Die Zerstörung Sodoms, Lots Flucht, Lots Töchter empfangen von ihrem Vater

Rebekka

Gen 24,1-33; 50-67	Isaak nimmt Rebekka zur Frau
Gen 25,19-26	Die Geburt von Esau und Jakob
Gen 26,34-35	Die Schwiegertöchter Rebekkas
Gen 27,1-46	Rebekka hilft Jakob, Isaak zu betrügen

Rahel und Lea

Gen 29,1-35	Jakob verliebt sich in Rahel, muss aber zuerst ihre Schwester Lea heiraten und dann erst Rahel, Lea wird mehrfach Mutter, während Rahel kinderlos bleibt
Gen 30,1-24	»Wettgebären« der beiden Schwestern mit Hilfe ihrer Mägde
Gen 31,1-18	Jakob zieht mit seinen Frauen nach Hause zurück,
Gen 31,19-35	Rahel nimmt die Hausgötter unerlaubterweise mit
Gen 32,1-22	Esau erwartet Jakob

Gen 33,1-20	Esau nimmt Jakob freundlich auf
Gen 35,16-20	Rahel stirbt

Tamar

Gen 38,1-30	Tamar war zweifache Witwe von den Söhnen Judas und kinderlos. Sie überlistet verschleiert ihren Schwiegervater und wird von ihm schwanger.

Die Frau des Potiphar

Gen 39,1-23	Die Frau des ägyptischen Pharao begehrt Josef, wird aber von ihm abgewiesen.

Miriam	Miriam ist die Schwester des Mose und von Aaron
Ex 2,1-10	Miriam sorgt dafür, dass ihr Bruder Moses errettet wird
Ex 15,20-21	Das Lied der Miriam nach dem Durchzug durch das Rote Meer
Num 12,1-16	Als Miriam krank (aussätzig) wird, warten die Israeliten in der Wüste auf ihre Gesundung
Num 20,1	Tod und Begräbnis Miriams

Zippora, die Frau des Mose

Ex 2,21-22	Mose heiratet eine Tochter des Priesters von Midian

Rahab

Jos 2,1-24; 6,1-27	Die Dirne Rahab verbirgt die israelitischen Kundschafter

Debora, die Richterin

Ri 4,1-24	Debora und Barak
Ri 5,1-31	Das Debora-Lied

Die Tochter des Jiphtach

Ri 10,17-11,40	Jipthach verspricht, als Preis für seinen Sieg über die Ammoniter denjenigen als Brandopfer darzubringen, der als erstes aus der Tür seines Hauses tritt. Als erstes kommt ihm seine Tochter entgegen. Jiphtach hält sein Versprechen und opfert seine einzige Tochter.

Delila

Ri 16,1-31	Delila überlistet Simson

Rut

Das Buch Rut	Rut zieht mit ihrer Schwiegermutter in die Fremde, um sich ein neuen Leben aufzubauen

Hanna

1 Sam 1,1-28	Hanna ist kinderlos und bittet Gott um einen Sohn. Sie gebiert Samuel und bringt ihn entwöhnt zum Dienst in den Tempel
1 Sam 2,1-11	Der Lobgesang der Hanna
1 Sam 2,18-21	Hanna bekommt weitere Kinder

Abibgajil

1 Sam 25,1-44	Abigajil ist die Frau des Nabal, der von David (dem späteren König) in Form von »Schutzgeldzahlungen« erpresst wird. Nabal will der Erpressung nicht nachgeben, aber Abigajil erkennt die Macht Davids und bittet ihn um Verzeihung und Gnade, weil Nabal gegen das Gastrecht verstoßen hat. Als Nabal stirbt, nimmt David Abigajil zur Frau.

Die Hexe von En-Dor

1 Sam 28,3-25	Saul sucht in seiner Verzweiflung Rat bei der Hexe von En-Dor einer Wahrsagerin, die Totenbeschwörung ausübt.

Batscheba, die Frau des Urija

2 Sam 11,1-27	König David begehrt Batscheba, die schöne Frau seines Feldherrn Urija. Deshalb schickt er Urija in eine Schlacht mit tödlichem Ausgang.
2 Sam 12,1-25	Der Prophet Natan tadelt David wegen seines Verhaltens. Als Strafe stirbt der erstgeborene Sohn von Batscheba. Batscheba wird die Mutter des Salomo.

Die Königin von Saba

1 Kön 10,1-13	Die Königin von Saba besucht den König David und misst sich mit ihm in Rätselfragen und Reichtum.

Die Witwe von Sarepta

1 Kön 17,8-24	Die Frau aus dem heidnischen Land Sidon nimmt sich in der Hungersnot des Propheten Elija an. Als ihr Sohn sterbenskrank ist, heilt Elija das Kind.

Die Frau des Tobit

Tob 5,18-23	Die Mutter des Tobias leidet, als Tobias sich auf den Weg macht.

Judit

Jdt 8-13	Judit rettet ihr Volk, indem sie dem Oberbefehlshaber des assyrischen Heeres den Kopf abschlägt.

Ester

Est	Die Jüdin Ester wird Königin von Persien und kann ein Pogrom gegen die Juden verhindern. Zur Erinnerung daran feiern die Juden das Purim-Fest.

Susanna

Dan 13,1-64	Susanna wird im Bad von zwei Männern belästigt und schreit um Hilfe. Die Falschaussage der Männer wird höher bewertet als ihre Klage. Nur durch Daniels Eingreifen wird Susannas Unschuld erwiesen.

Die Frau des Ijob

Ijob 2	Hiobs Frau distanziert sich von ihrem Mann in seiner Not.

Elisabet

Lk 1,5-25	Die Verheißung der Geburt des Täufers
Lk 1,39-56	Der Besuch Marias bei Elisabet
Lk 1,57-80	Die Geburt des Täufers

Die Schwiegermutter des Petrus

Mk 1,29-31	Die Schwiegermutter des Petrus ist krank und wird von Jesus geheilt.

Herodias und Salome

Mk 6,14-29	Herodes wurde von Johannes, dem Täufer getadelt, weil er die Frau seines Bruders, Herodias, geheiratet hatte. Deshalb war Johannes der Täufer im Gefängnis. Die Tochter Herodias, Salome, tanzt vor dem König Herodes und wünscht sich als Dank auf anraten ihrer Mutter den Kopf Johannes des Täufers.

Die Frau der Salbung

Mt 26,6-13 par.	Die Szene, in denen eine Frau Jesus die Füße salbt, ist bei drei verschiedenen Evangelisten überliefert. Bei allen Unterschieden wird die Salbung der Frau als die Liebestat gerühmt: »Wo immer auf der ganzen Welt dieses Heilsbotschaft verkündet wird, da wird auch zu ihrem Gedächtnis erzählt werden, was sie getan hat.« (Mt 26,13)

Maria von Bethanien

Lk 10,38-42	Jesus zu Gast bei Maria und Marta
Joh 12,1-11	

Marta von Bethanien

Lk 10,38-42	Jesus zu Gast bei Maria und Martha

Joh 11,1-44	Das Messias-Bekenntnis der Martha angesichts des Todes ihres Bruders Lazarus, vergleichbar dem Messiasbekenntnis des Petrus »Ja, Herr, ich glaube, dass du der Messias bist, der Sohn Gottes, der in die Welt kommen soll.« (Joh 11,27)

Maria von Magdala

Mt 27,54-56 und Joh 19,25-27	Maria von Magdala gehört auch zu den Frauen unter dem Kreuz
Mk 16,9-11	Jesus erscheint zuerst Maria von Magdala
Lk 24,1-12	Maria Magdalena wird als erste in der Liste der Frauen genannt, die vom leeren Grab heimkehren.
Joh 20,1-18	Maria von Magdala erkennt im Gärtner den auferstandenen Christus

Maria, die Mutter Jesu

Mt 1-2	Stammbaum und Ankündigung der Empfängnis – Flucht nach Ägypten- der zwölfjährige Jesus im Tempel
Lk 1-2	Maria bei Elisabet – Die Weihnachtsgeschichte – Jesus wird zum Tempel gebracht
Joh 2,1-12	Die Hochzeit zu Kana
Joh 19,25-27	Maria mit Johannes unter dem Kreuz
Apg 1,12-14	Maria in der Urgemeinde von Jerusalem

Die Frau am Jakobsbrunnen

Joh 4,1-30	Jesus führt mit einer Frau aus Samaria ein Glaubensgespräch

Die Frau des Pilatus

Mt 27,15-26	Die Frau des Pilatus erzählt ihrem Mann von ihrem Traum

Die syrophönizische Frau

Mt 15,21-28 par.	Jesus weist die Bitte der Frau um Heilung ihrer Tochter zunächst ab, lässt sich aber dann von der Hartnäckigkeit der Frau umstimmen

Die gekrümmte Frau

Lk 13,10-17	Die gekrümmte Frau wird in der Synagoge und damit öffentlich geheilt und zwar am Sabbat. Damit macht Jesus deutlich, dass auch die »Töchter Abrahams« (Lk 13,16) zum Heil berufen sind.

Maria Magdalene, Johanna, Susanna und viele andere

Lk 8,1-3	diese Frauen werden namentlich genannt als Begleiterinnen und Unterstützerinnen von Jesus

Die Tochter des Jairus und die blutflüssige Frau

Mk 5,21-43 par.	Jesus heilt zwei Frauen, eine junge und eine alte Frau; die Heilungsgeschichten sind eng miteinander verbunden

Die hartnäckige Witwe

Lk 18,1-8	Im Gleichnis vom gottlosen Richter und der Witwe ist die Witwe ein Beispiel für die Hartnäckigkeit, mit der Menschen Tag und Nacht zu Gott schreien, damit er sie erhört.

Das Opfer der Witwe

Mk 12,41-44	Die Witwe gibt vom Lebensnotwendigen und nicht vom Überfluss.

Die Ehebrecherin

Joh 8,1-11	Eine Ehebrecherin wird zu Jesus gebracht. Er verurteilt sie nicht.

Die Frauen am Grab

Lk 24,1-11	Den Frauen begegnen Engel am leeren Grab, die ihnen die frohe Botschaft verkünden.

Literatur

Carr, Jo/Sorley, Imogene: Herr, segne dieses Chaos. Stoßgebete für Hausfrauen. Christliches Verlagshaus Stuttgart 1971.

Drewermann, Eugen: Die Botschaft der Frauen. Das Wissen der Liebe. Walter-Verlag Düsseldorf 4. Auflage 1994.

Illner, Maybritt (Hg.): Frauen an der Macht. 22 einflussreiche Frauen berichten aus der Wirklichkeit. Diederichs im Heinrich Hugendubel Verlag Kreuzlingen/München 2005.

Rohner-Dobler, Felix: Feuer in mir. Firmung als Initiation. Handreichung für die Gemeindearbeit. Verlag Kösel München 2004.

Päpstliche Bibelkommission: Die Interpretation der Bibel in der Kirche. (Verlautbarungen des Apostolischen Stuhls 115). 1994.

ter Linden, Nico: Es wird erzählt … Band 3: Von Königen, Richtern und Propheten. Gütersloher Verlagshaus Gütersloh 2000.

Wöller, Hildegunde: Jungfräulichkeit – eine politische Haltung. In: Publik-Forum Extra: Maria: Ich sehe dich in tausend Bildern. Oberursel 1990.

Quellen

S. 9 Uschi Faltenbacher: Mein Gott. In: Dies.: Liebes Leben. Kalender 2001. Selbstverlag.

S. 19 Angelika Jahr-Stilcken: Ich mag Männer... In: Illner, Maybritt (Hg.): Frauen an der Macht. 22 einflussreiche Frauen berichten aus der Wirklichkeit. © Diederichs im Heinrich Hugendubel Verlag Kreuzlingen/München 2005.

S. 28 Hilde Domin: Nicht müde werden. In: Dies.: Gesammelte Gedichte. © S. Fischer Verlag GmbH Frankfurt a.M. 1987.

S. 36 Ilse Aichinger: Das Fremde. In: Dies.: Die größere Hoffnung. © Bermann Fischer Verlag NV Amsterdam 1948.

S. 43 Edita Polakova: Leben in zwei Welten.

S. 47 Ricarda Huch: Nicht alle Schmerzen. In: Dies.: Herbstfeuer. © Insel Verlag Frankfurt a. M. 1980.

S. 54 Lothar Zenetti: Worauf sollen wir hören? In: Ders.: Auf seiner Spur. Texte gläubiger Zuversicht. (Topos Plus Band 327) © Matthias-Grünewald-Verlag Mainz 3. Aufl. 2006, S. 101.

S. 59 Dorothee Sölle, aus: Deutsches Allgemeines Sonntagsblatt Nr. 15 vom 13.04.1986.

S. 61 Jörn Pfennig: Gewiss, ich werde traurig sein. In: Ders.: Keine Angst dich zu verlieren. Schneekluth Verlag in der Verlagsgruppe Droemer Knaur GmbH & Co. KG München 16. Aufl. 1990.

S. 71 Dorothee Sölle: Meine Seele. In: Dies.: Große Frauen der Bibel. EMB Service for Publishers Adligenswil/Schweiz.

S. 90 Aus Schweden: Vorbotinnen. In: Anneliese Lissner: Du läßt dich finden in uns selbst. © Evangelisches Missionswerk in Deutschland, Hamburg.

S. 96 Theresa von Avila: Herr meiner Seele. Nach Erika Lorenz: Weg in die Weite. Die drei Leben der Teresa von Avila. S. 51 © Verlag Herder Freiburg i. Br. 2004.

Abbildungen

S. 29 Ernst Barlach: Russische Bettlerin.© Ernst Barlach Lizenzverwaltung Ratzeburg.

S. 65 Simone Martini: Die Heilige Familie. 14. Jh.

S. 83 Motiv I „Das Reich Gottes ist wie ein Sauerteig“ aus dem Misereor-Hungertuch „Biblische Frauengestalten – Wegweiser zum Reich Gottes“ von Lucy D’Souza © MVG Medienproduktion, Aachen 1990.